名师名校名校长

凝聚名师共识
圆志名师关怀
打造名师品牌
培育名师群体

顾明远题

特教前沿

广东省特殊教育冯伟君名教师工作室的实践与探索

姚生平　冯伟君　杨甲良　主编

中国出版集团　现代出版社

图书在版编目（CIP）数据

特教前沿：广东省特殊教育冯伟君名教师工作室的实践与探索 / 姚生平，冯伟君，杨甲良主编. — 北京：现代出版社，2022.2

ISBN 978-7-5143-9693-5

Ⅰ. ①特… Ⅱ. ①姚… ②冯… ③杨… Ⅲ. ①特殊教育—教学研究 Ⅳ. ①G76

中国版本图书馆CIP数据核字（2022）第030183号

特教前沿：广东省特殊教育冯伟君名教师工作室的实践与探索

作　　者　姚生平　冯伟君　杨甲良
责任编辑　窦艳秋
出版发行　现代出版社
地　　址　北京市安定门外安华里504号
邮政编码　100011
电　　话　010-64267325　64245264
网　　址　www.1980xd.com
印　　制　北京政采印刷服务有限公司
开　　本　710mm × 1000mm　1/16
印　　张　12
字　　数　192千
版　　次　2022年2月第1版　　2022年2月第1次印刷
书　　号　ISBN 978-7-5143-9693-5
定　　价　58.00元

目 录
CONTENTS

第一章　规划建设

第二章　实践探索

第三章　科研成果

第四章　经验总结

1
第一章
规划建设

第一节　工作室团队建设概况

广东省特殊教育冯伟君名教师工作室是广东省新一批（2018—2020年）中小学名教师工作室之一，由广东省教育厅审批和授牌，并于2018年5月在梅州市特殊教育学校挂牌成立。本工作室以特殊教育骨干教师为培养对象，以“师徒结对”“定向帮扶”为主要培养形式，是共同开展基于线上线下的教改探索、特殊教育教学实践和研究的实体与网络相结合的新型工作室。工作室聘请华南师范大学教科院特殊教育系主任谌小猛教授担任高校专家；聘请梅州市教育局教研室主任、正高级教师刘应成担任教研指导专家。工作室现由来自梅州、汕头两市特殊教育学校的入室学员10人、网络学员100人、助手2名和1名技术专家组成。

工作室以“专业引领，实践探索，共同发展”为宗旨，以课堂教学为主阵地，以教育科研为先导，以网络交流为载体，融科学性、实践性、研究性为一体。通过专家引领、课题研究、团队研修和成果辐射的形式，进一步帮助入室学员凝练教育教学思想，创新育人模式、教育方法，形成教学特色，提升教学质量与管理水平，推动广东省特殊教育教师专业成长与特殊教育高质量发展。

工作室采取“线上+线下”双线并行的方式开展研讨活动。在线上，利用广东省教育资源公共服务平台建立了冯伟君名教师工作室的网络空间，同时开设了工作室微信公众号、微信群等宣传媒介，通过以上平台进行网络研修和学习交流。在线下，通过自主学习、集中研修、跟岗实践、学科教研、专家讲座、课题研究、外出考察学习、送教下乡等活动，全面提高工作室成员的道德素养、教育理论水平、教学科研能力，促进特殊教育骨干教师的共同成长，发挥名师的引领、示范和辐射作用，助推当地特殊教育的发展。

工作室成立三年以来，先后组织成员到广州、深圳、汕头、韶关、清远、湛江、茂名、阳江，福建厦门、福州、泉州、晋江、龙岩，山东青岛等地进行特殊教育考察和校际交流学习。通过实地观摩、聆听专家讲座、参与主题研讨等活动，全面拓展了视界，提升了专业能力。与此同时，工作室还先后组织成员到平远县特殊教育学校、五华县特殊教育学校、汕头市聋哑学校等进行送教下乡活动，充分发挥了名教师工作室的引领、示范作用，进一步扩大了名教师工作室的社会影响力和辐射作用。

一、Logo诠释

红色的太阳：意指特殊教育是阳光的事业，特殊儿童正沐浴在希望的阳光下，特殊教育教师对特殊儿童的殷切期望更如同阳光般灿烂、温暖。

书本爱心造型：意指工作室教师们继承和发扬“捧着一颗心来，不带半根草去”的精神，以赤诚之心、奉献之心、仁爱之心投身特教事业，也象征着特教人始终坚持用爱心、细心、耐心和包容心一路呵护特殊儿童的健康成长。

绿色基调：象征工作室特教园丁们充满活力的青春、生命、成长和希望。

同心圆造型：意指工作室全体教师同心同德、共同协作、共同成长，努力把名教师工作室打造成富有特色的教师合作共同体品牌。

二、团队展示

（一）工作室主持人简介

冯伟君

梅州市特殊教育学校副校长，高级教师，广东省特级教师，广东省新一批（2018—2020年）特殊教育名教师工作室主持人，广东省“百千万人才培养工程”省级名教师培养对象，广东省嘉应学院兼职副教授。先后荣获全国“交通银行特教园丁奖”“梅州市首届嘉应名教师”“梅州市教学改革积极分子”“梅州市优秀教育工作者”等荣誉称号。近年来主持、参与多项省级、市级课题研究，科研成果获得国家二等奖，撰写多篇教育教学论文公开发表并获奖。

（二）工作室其他成员简介

1. 高校专家

谌小猛

博士，华南师范大学教科院特殊教育系主任、副教授、硕导。在《心理学报》、《中国特殊教育》、《心理科学》、*Research in Developmental Disabilities*、*Frontiers in Psychology*、《现代特殊教育》等杂志上以第一作者身份发表了20多篇学术论文。主持了教育部人文社会科学青年基金课题。主编《视障儿童定向行走指南》。拥有韦氏第四版儿童和幼儿量表、ABAS社会适应量表、PEP-3自闭症评估量表、ASQ早期特殊儿童筛查量表、儿童入学成熟水平量表等量表主试资质证。目前社会兼职是广东省特殊教育专家指导委员会成员（顾问），SSCI期刊*International Journal of Disability, Development and Education*审稿人。

2. 教研专家

刘应成

中共党员，梅州市教育局教研室主任，广东省教育督学，中学数学正高级教师，广东省特级教师。

3. 技术专家

白慎冰

梅州市特殊教育学校计算机教师，擅长计算机软硬件研究及网站制作。荣获“梅州市叶剑英基金优秀教师奖”“梅州市教学工作先进教师”“梅州市科教系统优秀共青团干部”等称号。近年来荣获国家级论文评比一等奖2项，省级、市级计算机教育软件、论文获奖3项，多篇教育教学论文在CN期刊上发表。

4. 工作室助手

杨甲良

梅州市特殊教育学校德育处主任，高级教师。荣获“广东省师德先进个人”称号，并先后两次荣获“梅州市优秀教育工作者”和“学校优秀教育工作者”称号。参与省级课题“在盲聋哑学校开展职业教育的理论与实践研究”，成果获国家级二等奖。近年来撰写多篇教育教学论文，在CN期刊上发表并获奖。

温洁明

梅州市特殊教育学校教导处副主任，一级教师。荣获“梅州市教学先进分子”“梅州市优秀少先队辅导员”“梅州市关心下一代先进个人”“学校优秀班主任”等称号。近年来参与教学课件、课例比赛并多次获得省级、市级奖项；撰写多篇教育教学论文，在CN期刊上发表并获奖。

5. 工作室学员

李俊庭

梅州市特殊教育学校办公室主任，高级教师。荣获“全国特教园丁奖”“梅州市优秀教育工作者”“梅州市优秀少先队辅导员”“学校优秀教育工作者”等称号。2017年主持省级课题“多媒体技术在特殊学校数学教学中的作用”并顺利结题。近年来多次参与教学技能比赛并获奖，撰写多篇教育教学论文并在CN期刊上发表。2020年被市教育局聘为“梅州市首届名教师、名校长工作室”指导专家。

朱海标

五华县特殊教育学校教导副主任，高级教师。荣获“五华县教改积极分子”“五华县教书育人优秀教师”等称号。2016年主持县级立项课题“对聋哑学生行为习惯养成的理论与实践研究”并顺利结题。近年来积极撰写多篇教育教学论文，在CN期刊上发表并获奖。

刘广安

梅州市特殊教育学校数学科组长，一级教师。荣获“梅州市优秀班主任”“梅州市教学工作先进教师”“学校优秀班主任”等称号。近年来，曾主持省级课题“在盲聋哑学校开展职业教育的理论与实践研究”子课题“聋校高中开展职业教育研究”，参与省级课题“多媒体技术在特殊学校数学教学中的作用”研究。撰写多篇教育教学论文，在CN期刊上发表并获奖。

张慧琳

梅州市特殊教育学校一级教师。荣获“梅州市优秀教师”“梅州市优秀少先队辅导员”“学校优秀教师”“学校优秀班主任”“学校班主任之星”等称号。近年来积极参与各类教学技能比赛并荣获各类奖项。撰写多篇教育教学论文，在CN期刊上发表并获奖。

刘芬

平远县特殊教育学校副校长，高级教师。荣获“梅州市优秀教师”“梅州市优秀教育工作者”“县优秀教师”“县优秀共产党员”等称号。主持“智力障碍学生能力培养的探索”课题并获第九届梅州市教育系统教学成果奖二等奖。刘芬创新工作室于2020—2021年先后被评为“梅州市巾帼文明岗”和“广东省巾帼文明岗”。近年来撰写多篇教育教学论文，在CN期刊上发表并获奖。

李燕

梅州市特殊教育教师，高级教师。荣获“梅州市优秀班主任”“梅州市科教系统优秀共青团干部”“学校优秀班主任”等称号。2019年荣获“华渔杯”多媒体课件比赛一等奖。近年来撰写多篇教育教学论文，在CN期刊上发表并获奖。

林合惜

汕头市聋哑学校一级教师。荣获“广东省特殊教育优秀班主任”“汕头市教学改革先进教师”“汕头市优秀德育课教师”等称号。2019年主持省级课题“基于钩针编织作为聋校职业教育的实践研究”项目。近年来有多篇教育教学论文、课例、微课和课堂实录等在省、市各类比赛中荣获各类奖项。

郑暖暖

汕头市聋哑学校初中部语文教师。曾先后参与市立项课题“聋校体育课程建设的策略研究”和“利用情景剧教学培养聋生良好行为习惯的研究”项目；案例“原来，我也是一颗闪亮的星”在“中国好老师”公益行动计划2020年度全国优秀育人案例评选中荣获三等奖。近年来多次参与省级、市级各类教育教学技能比赛并荣获各类奖项。

林惠敏

汕头市特殊教育学校初中语文一级教师。荣获“汕头市优秀班主任”称号，并连续三次获得学校“个人业绩优秀一等奖”光荣称号。“培养劳动意识，收获快乐体验——‘自己的事情自己做’劳动教育活动案例”在2020年广东省“我劳动，我快乐”劳动教育主题活动中荣获一等奖。近年来撰写多篇教育教学论文在教育期刊发表并获奖。

卓巧珠

汕头市存心特殊教育学校教务处主任，一级教师。荣获“广东省特殊教育优秀教师”“汕头市优秀教师”“金平区教学教研先进教师”“金平区最美教师”等称号。2019年荣获汕头市特殊教育学校青年教师教学能力大赛一等奖；2020年荣获第二届广东省青年教师教学技能大赛汕头市特殊教育选拔一等奖。近年来有多篇教育教学论文、课件、微课等在各级各类比赛中获奖并出版发表。

第二节　工作室三年发展规划

一、指导思想

以《国家中长期教育改革和发展规划纲要（2010—2020年）》为指导，以《广东省"强师工程"实施方案（2017—2020年）》和《关于加强"十三五"广东省中小学教师培训工作的意见》为准绳，根据《广东省教育厅 广东省财政厅关于中小学名教师名校（园）长工作室的管理办法》等文件精神，结合《特殊教育教师专业标准（试行）》，以特殊教育专业能力建设为核心，以中青年骨干教师培养培训为重点，以小组研讨为方式、课题研究为依托、教学研讨为内容，实现"专业引领，实践探索，共同发展"，培养一批师德高尚、专业理论深厚、教学水平优秀、科研能力突出的高素质特殊教育名教师，充分发挥名师们的示范、引领和辐射作用，为促进广东省特殊教育的发展尽一份绵薄之力。

二、工作目标

（一）总目标

本工作室以"专业引领，实践探索，共同发展"为宗旨，以课堂教学为主阵地，以教育科研为先导，以网络交流为载体，融科学性、实践性、研究性为一体。在工作室主持人和团队成员的引领下，以师带徒为主要培养形式，通过集中研修、跟岗实践、学科教研、课题研究、送教下乡、网络研修等环节，实施三年一周期的10名学员入室培养计划，进一步帮助入室学员凝练教育教学思想，创新育人模式、教育方法，形成教学特色与办学风格，提升教学质量与管理水平，推动广东省特殊教育教师专业成长与特殊教育高质量发展。

（二）具体目标

建立制度，规范标准；形成机制，攻关难题；立项课题，凝练主张；培养队伍，建设平台；汇集成果，形成影响。其中重点做好五个方面的工作。

1. 建好团队

打造自主学习、共同研讨、相互促进、共同发展，以解决问题为导向的研究型团队，形成严谨、务实、钻研、创新的工作作风，以真抓实干、务实高效、追求卓越、精益求精为奋斗目标。

2. 做好帮扶

利用工作室这一平台和优质的教育资源，通过“请进来”与“走出去”的方式，开展支教、送教、送科研、送培训等活动，促进特殊教育优质均衡发展。

3. 搭好平台

建立一个常态下可以交流的网络平台，把学科资源放入其中，供学员们和特殊教育教师们使用，形成特殊教育教师资源库，让优质的教育资源辐射、影响更多教师，造福更多学生。

4. 研好课题

依托名教师工作室推进特殊教育教师专业发展的实践研究，引领教师走学习研究、实践探索、总结经验、交流分享、提炼观点的方法之路，力争2～3年内形成推进特殊教育教师专业发展的研究成果。

5. 出好成果

在实践中总结特殊教育教学经验，探求特殊教育教研教改的新思路、新方法，汇集教育成果，以精品课堂实录（课例）、论文、课题报告、专著等形式来呈现。

（三）三年发展目标

第一年度——工作室起步阶段。重点工作是工作室的基础建设、建章立制，确定学员研修任务，选择课题研讨方向，确定帮扶对象。

第二年度——工作室夯实发展阶段。需逐步完善工作室建设，凝练工作室理念，形成工作室品牌，推动学员专业发展，进一步落实工作室的阶段性成果。

第三年度——工作室深化建设、总结宣传阶段。进一步加强工作室建设，总结工作室理念，宣传工作室品牌，形成工作室三年研修成果，扩大名教师工作室的社会影响力。

（四）阶段目标

时间	工作目标	备注
2018年4—12月 （启动阶段）	1. 新一轮名教师工作室挂牌仪式 2. 完善工作室建设（含人员、场地、经费、工作计划） 3. 组建研修共同体（主持人与学员双向选择）	
2018年12月—2019年5月	1. 工作室机构设立 2. 课题申报 3. 送教活动	
2019年5月—2020年4月	1. 课题开题 2. 外出考察、培训跟岗、交流学习 3. 期中成果汇报	
2020年5月—2021年4月	1. 外出考察、跟岗学习、送教活动 2. 课题结题 3. 形成个人、工作室集体成果资料（文字、影像、图片等）并提交验收 4. 总结表彰 5. 工作室相关档案整理和归档工作	

三、工作室的培养途径（具体措施）

1. 工作室硬件建设

在学校建立工作室专用场室，配备必要的办公、研修设备设施和专业书籍，充分利用信息技术和网络空间开展相关工作。

2. 确定培养对象

采取工作室主持人与学员双向选择的方式，工作室主持人面向梅州市与汕头市吸收10名具有爱心和上进心的优秀教师与骨干教师加入工作室团队，形成一个有结构、有层次的特殊教育研讨团队。

3. 制定个人发展规划

工作室研究成员充分讨论工作室三年发展规划，统一思想，并结合工作室三年发展规划制订个人成长计划，确定课题研究的内容，制订相应的课题研究计划，明确个人发展目标。

4. 理论学习

围绕工作室确立的研究主题，每位成员每学期必须深入研读2本以上教育教学专著，并将研读的所思所悟进行每学期一次的读书汇报。通过教育教学理论知识的学习，提升工作室成员的专业素质，增强工作室成员的专业意识，以读书汇报的形式加深成员间的思想碰撞与交流，升华工作室成员的教育理念，促进工作室成员向学者型教师发展。

5. 专家引领——系列专题讲座

工作室聘请华南师范大学教科院特殊教育系主任谌小猛博士担任工作室理论研究和实践指导方面的导师，并聘请广东省教育督学、梅州市教育局教研室主任刘应成（正高级教师）担任工作室教育科研方面的导师。通过“请进来”与“走出去”的方式，邀请相关领域的教育专家为成员们开展讲座，给成员们以理论指导和意见咨询，帮助成员拓展思路、提高认识。讲座结合实际可以采取线上与线下相结合的形式。

6. 走访考察——省内外特殊教育名校

工作室将在三年内组织成员走访考察省内外一批特殊教育名校，与兄弟学校交流学习或送教下乡，开展各种示范课，发挥引领和辐射作用，共同提高特殊教育水平。

7. 课题研究——课题项目

工作室将“课题研究”作为培养名教师的重要手段之一，每位成员根据特殊教育发展的重点、难点或热点问题确定研究课题，并制订为期三年的研究计划，通过课题研究进一步提高自己的科研水平和理论素养。同时以课题为契机，成员们能将自己在多年的教育教学中积累下来的宝贵经验转化为教育理论，从而可以影响辐射更广的区域，促进特殊教育的发展。

8. 通过自我反思促进个人成长

工作室研究成员每学期至少撰写一份个人成长小结，每学年至少撰写一篇基于问题研究的论文，并进行阶段性成果汇报。

第三节 工作室制度

按广东省教育厅有关要求，为确保工作室各项工作有效开展，实现工作目标，更好地发挥本工作室的指导、示范与辐射作用，搭建工作室主持人和学员共同发展的平台，形成有影响力的团队，特制定本制度。

一、工作室机构分工说明

人员	职责	备注
高校专家	负责工作室理论研究和实践指导	
教研专家	负责工作室教育科研方面的指导	
主持人	建立工作室计划与制度，负责工作室资金使用和管理，承担培养培训实践指导，负责学员考核工作	
助理	1. 协助主持人完成工作室计划、总结和每次活动的开展 2. 收集学习资料，提供前沿的学习信息，按计划跟进学员的学习任务，做到人人按时完成作业，做好资料整理和保管归档工作 3. 负责每次活动的吃住行安排，收取和管理活动经费，做好后勤保障工作 4. 负责每次活动的联络，将每次微信会议提前通知每位学员，负责考勤工作，协助主持人做对外联络工作	
技术专家	负责每次活动的摄影，整理编辑图片和文字在平台或网站上宣传，维护微信公众号的正常运作	

二、工作室主持人和学员职责制度

（一）工作室主持人的主要职责

（1）主持工作室日常工作，确定工作室研究发展方向，拟定工作室的工作目标和方案，制订工作室周期工作计划。

（2）制订工作室学员培养考核方案，对工作室学员专业化发展做出评价考核，并记入学员专业化发展成长档案中。

（3）组织教育教学研究及指导实践活动，指导学员开展课题研究，组织落实示范课、观摩课、专题讲座等多种形式的研讨活动。

（4）总结推广教育教学经验和工作室工作经验，传播先进的教育理念，发挥专业引领作用。

（5）负责工作室资金的使用和管理，按专款专用原则，严格制度管理，并接受上级审计。

（二）工作室学员的主要职责

（1）制定学员个人成长目标，制订周期学习计划和确定研究项目。

（2）接受工作室主持人的指导，及时完成工作室主持人下达的学习与研究任务。周期结束时完成一份个人成长报告及公开发表一篇研究性论文。

（3）协助工作室主持人开展各项活动并提出合理化建议和方案，使工作室能高效运行，使学员能互助合作、共同提高。

（4）在实践中不断推广先进经验和成果，传播先进的教育理念和教育方法，积极发挥工作室的引领、示范和辐射作用。

（5）加强、完善工作室网站和微信公众号平台的建设，充分体现名教师工作室网站和微信公众号平台的实用性、示范性与互动性。

三、工作室管理制度

（一）会议制度

（1）每学期召开一次工作室会议，讨论本学期工作室计划，确定工作室学员的阶段工作目标，工作室的教育科研课题及专题讲座、走访考察内容。

（2）每学期召开一次工作室总结会议，安排本学期教育教学、个人成长等方面需要展示的成果内容及形式，分享成功的经验，探讨存在的问题。

（3）根据工作室计划，每年至少安排两次阶段性工作活动，督促检查课题的实施情况，解决实施过程中的难点问题。

（二）培训制度

（1）采用导师培养制度，工作室主持人与指导专家为工作室其他学员的导师。

（2）工作室主持人为工作室学员制订具体的培训计划，安排培训内容与进程。

（3）工作室学员必须参加带教培训活动，完成工作室的学习、研究任务，并有相应的成果展现，努力实现既定的培养目标。

（三）考核制度

（1）考核方式：工作室主持人、学员考核通过查核材料、问卷调查、听取报告、现场答辩、主题论坛等方式进行。

（2）考核内容：主持人的考核内容主要包括培养计划、培养成果、个人成果、学员评价和当地教育行政部门评价等；学员的考核内容主要有学习计划、学习状况、学习成果、主持人评价、校内师生评价和当地教育行政部门评价等。

四、档案管理制度

（1）工作室为每位成员建立研修业务档案，工作室助手做好档案的管理工作。

（2）工作室学员的研修计划、总结、听课、评课记录、论文、报告、讲座、学习笔记、主题活动记录等材料及时收集、归档、存档，为个人的成长和工作室的发展提供依据。

（3）工作室网站、学员电子档案要及时更新，公布学员沟通方式，畅通学员交流渠道。工作室要及时通过网站、微信公众号发布工作动态、学员论文、专题研究课例设计、典型案例及评析、教育故事、活动图片等。

第二章 实践探索

第一节　工作室揭牌暨开班仪式

2018年12月7日，广东省特殊教育冯伟君名教师工作室揭牌暨开班仪式在梅州市特殊教育学校隆重举行，这是梅州特殊教育的一大盛事。梅州市教育局教研室主任、广东省教育督学、中学数学正高级教师、广东省特级教师刘应成主任，嘉应学院省级中小学教师发展中心罗胜庆副主任，嘉应学院省级中小学教师发展中心培训部蓝国干科长，全市各县区特殊教育学校校长和来自梅州、汕头两市特殊学校的15位工作室成员莅临现场。

揭牌仪式上，梅州市特殊教育学校姚生平校长首致欢迎词，他对各位领导、嘉宾、专家和老师的莅临指导表示热烈欢迎，对工作室的成立表示祝贺，并表示学校将全力支持工作室的各项工作，祝愿工作室全体成员在主持人冯伟君老师的带领下不忘初心、砥砺前行、共同提高，充分发挥特殊教育领跑者的作用。

梅州市教研室刘应成主任和嘉应学院省级中小学教师发展中心罗胜庆副主任对广东省特殊教育冯伟君名教师工作室的成立表示热烈祝贺，并对工作室寄予了殷切期望，希望工作室充分发挥名师的示范、引领和辐射作用，共同推进全市特殊教育的发展；勉励学员们做有志向、有梦想、有爱心、有作为的新时代特教人。

名教师工作室主持人冯伟君老师在发言中表示，能够成为名教师工作室的主持人感到十分荣幸，但更感到责任重大。他阐述了工作室以“专业引领，实践探索，共同发展”为宗旨，以特殊教育专业能力建设为核心，以课堂教学为主阵地，以教育科研为先导，以网络交流为载体，努力发挥名教师工作室优势和团队力量，培养一批师德高尚、专业理论深厚、教学水平优秀、科研能力突出的高素质特殊教育教师队伍，促进其所在学校能在各方面起到示范、引领和辐射作用，为特殊教育事业的发展做出贡献。

刘广安老师代表工作室全体学员在会上郑重承诺：我们全体学员将团结合作，树立“相互学习、教学相长、共同发展”的理念，认真履行工作室的职责。不断学习、实践和研修，努力成为师德高尚、业务素质优秀的特殊教育教师，并积极发挥专业的示范、引领作用，为特殊教育的发展贡献自己的力量。

揭牌仪式结束后，名教师工作室召开了第一次全体成员会议，举行开班仪式。主持人冯伟君老师做了工作室三年规划报告，为工作室确定了未来三年“五个一”的工作重心，即建好一支团队、做好一项帮扶、建好一个网络平台、做好一个课题、推出一批成果。

广东省特殊教育冯伟君名教师工作室挂牌成立，将通过专家引领、课题研究、团队研修和成果辐射的形式，力争让工作室成为教研的基地、交流的平台、辐射的中心、名师的摇篮。

第二节　送教下乡教学帮扶活动

2018年12月7日，广东省特殊教育冯伟君名教师工作室全体成员在主持人的带领下，到平远县特殊教育学校做送教下乡交流活动。

平远县特殊教育学校创办于2016年，是一所年轻并充满朝气的特殊教育学校。学校坚持“与爱同行、与善同在、克难奋进、自强不息”的办学理念，致力于创造“平等、关爱、融合、发展”的校风。校园文化方面布置得非常有特色，各项配套设施齐全，学校办学规范、成果突出。

本次活动以听课、评课议课、专家讲座等主要形式进行，工作室成员认真聆听了培智三班的生活语文课《美丽的植物》和培智六班的美工课“画气球”。随后，工作室成员与教师们开展集体教学研讨，对邓媚、冷娟玲两位老师精彩的课堂做了点评，大家各抒己见，在观念的碰撞与交流中，共同斟酌更好的教学方式与教学方法。下图是特殊教育教师们在说课、评课。

同时，在平远县教育局的高度重视和大力推动下，县教育局肖洪海局长、潘昌洪副局长，来自全市各特校的校长和平远县特殊教育学校的全体教师，以及工作室成员齐聚一堂，举行特殊教育论坛，围绕梅州市特殊教育的现状及发展思路进行了深入的交流与分享。首先，省名教师工作室主持人冯伟君向参会的各级领导和特教同人汇报了本名教师工作室的建设与活动概况，积极评价了平远特殊教育学校的教育教学水平，恰如其分地对两位教师的示范公开课进行了点评，并衷心感谢平远教育局和平远特殊教育学校对工作室送教活动的高度重视与鼎力支持。平远县特殊教育学校丘玉华校长做了关于特殊教育学校管理与发展的主题报告。梅州市特殊教育学校姚生平校长根据梅州特教的实际提出了“天下特教一家亲，梅州特校一盘棋”的发展思路。平远县教育局肖洪海局长和潘昌洪副局长对这次特教研讨交流活动分别做出点评，充分肯定了平远特校的办学成绩，高度评价本次研讨会的积极意义和取得的显著成效。

本次交流研讨活动是一场特殊教育理念的大碰撞，是一次深刻的教育思想盛会。感谢平远县特殊教育学校为工作室全体成员搭建了一个很好的交流学习平台，让我们在交流中学习，在学习中思考，在思考中成长。

第三节 赴闽交流 携手前行

为深入贯彻党的十九大精神和习总书记关于“办好特殊教育”的指示，发挥广东省特殊教育冯伟君名教师工作室的辐射和专业引领作用，提升工作室成员的教育理念和教学质量，实现区域特殊教育的协同发展，2019年6月17—22日，工作室成员在梅州市教育局教研室正高级教师、工作室导师刘应成和梅州市特殊教育学校校长姚生平的带领下，赴福建厦门、福州、泉州、晋江和龙岩五市6所特殊教育学校进行考察学习交流活动。

（一）

6月17日下午，工作室一行抵达厦门市心欣幼儿园（厦门市特殊教育康复研究中心），开启本次工作室考察学习的第一站。

厦门市心欣幼儿园是全国第一所集康复医疗、康复训练、学前教育和特殊教育研究于一身的特殊幼儿园。一进校园，我们便受到心欣幼儿园园长陈军及相关领导、教师的热情接待。在简单的初步交流后，幼儿园的相关领导就本次学习活动安排为我们做了简要介绍。

学习活动在一段震撼人心的校园宣传片中拉开序幕，在随后的教学交流中，该园领导结合典型事例，就本园“医教结合、融合发展”的办学理念，跨越式的发展历程，针对性强的培养课程，心理干预与社会支持的合作系统以及日臻完善的融合模式做了详细的介绍，并与我们分享了近年来幼儿园取得的办学成果。最后，我们在园领导的带领下，参观了园区的文化建设、教学区域及各功能室，并就日常的教育教学问题进行交流，分享彼此的心得，以期得到更好的成长。下图是心欣幼儿园园长陈军与工作室全体成员留影。

活动结束后，工作室成员均表示不虚此行，将把培训期间的所思所悟融进今后的教育教学中，不断地提高自身的教育教学能力，同时将怀着对特教

事业的执着追求，再接再厉，携手共创佳绩。

（二）

6月18日，广东省特殊教育冯伟君名教师工作室全体成员的热情如当天的骄阳一般，一早便驱车前往厦门市特殊教育学校进行考察交流学习。

厦门市特殊教育学校的前身是厦门市盲聋哑学校，创办于1959年。1998年异地新建，更名为“厦门市特殊教育学校”。2014年起先后开办自闭症九年义务教育、培智职业高中班，并挂牌“厦门市特殊教育资源中心”。“一切为了残疾孩子”是学校全体教职工的服务宗旨。学校奉行“发扬传统、确保质量、提高素质、开创特色”的办学思想，不断加大教改力度，注重残疾学生的全面发展，有效提高了学生的综合素质，形成了独具特色的办学风格，为学生的升学和就业奠定了良好的基础。

工作室成员在厦门市特殊教育学校陈莎茵校长的陪同下参观了校园和各功能场室，并到康复部四年级听了张宏伟老师执教的运动康复课——《小蝌蚪成长史》。张老师熟悉本班学情，面向全体学生，制订了个别教育计划，注重感官参与，体现了教育与康复相结合的教学观念。课后围绕张老师这一节运动康复课，学员和厦门市特殊教育学校的老师展开了探讨，大家畅所欲言，各有独特见解，对这堂精彩的公开课做了恰如其分的点评。

随后，该校特殊教育资源中心负责人沈倩老师向我们介绍了资源中心的具体运行模式。交流期间，主客间还友好地分享了各自在教育教学中积累的一些行之有效的经验。

本次交流活动真正体现了资源共享、优势互补的原则，有效地促进了特教同行的专业化成长，增进了学校间的相互了解，增进了友谊，取长补短，达到共同进步与发展。

（三）

6月19日，广东省特殊教育冯伟君名教师工作室全体成员开启本次跟岗交流学习第三站——到福州市盲校进行参观和交流。

福州市盲校是一所专门从事视障教育（含低视力）的百年老校，创办于1898年。学校以“为每一位盲生的未来幸福奠基”为办学宗旨，设立了学前班、小学、初中、职中，形成了集学前教育、基础教育和职业教育于一身的办学体系，学校以“一技两长”为培养目标，使学生毕业后能用按摩专业保证生计，用音乐、体育特长保证生活质量，过上有尊严的生活。其中以盲人足球和盲人推拿专业培训为学校的特色。特别是盲人足球队，已成长为全国盲足运动的实力球队。在2008年北京第十三届残疾人奥林匹克运动会盲足比赛中，福州市盲校王亚峰、王周彬、俞裕锬三位同学入选国家队，为国家获得五人制盲足亚军立下汗马功劳，为学校添了彩，为残疾人增了气，为国争了光。就像校长所说，艺术和运动带给学生的不只是一技之长，对学生精神世界的影响更是巨大的。在这里，我们也了解了星语学校，这是一所专门为自闭症儿童提供义务教育服务的特殊学校，精神残疾是所有残疾类型中干预效果比较难以把握的一类。自闭症儿童亟须康复训练，星语学校为特殊的孩子们提供了很好的康复、学习机会。

在福州市盲校吴淑英校长的陪同下，一行人观看了该校的宣传片，随后又参观了教学区、生活区等盲人教育的设施设备。

为进一步了解学校的相关情况，吴校长在学校会议室与我们进行交流和分享，分别围绕学校的历史沿革、办学体系、校园概况、课程体系、教育科研、资源中心建设、教师队伍建设、教育教学成果、招生就业等方面与名教师工作室各成员进行真诚而热烈的交流。吴校长有一句话让我们记忆特别深刻，也时刻鞭策着我们特教人：我们特殊教育的终极目标就是让我们的学生走向社会，生活得更加体面、更有尊严！

此次交流学习不仅拓宽了老师们的视野，也对广东省特殊教育冯伟君名教师工作室所有成员教育教学工作的有效开展起到了良好的推动作用，更加能够促进我们的成长与进步。让我们不忘初心，携手并进。

（四）

6月20日，炎阳炙人。广东省特殊教育冯伟君名教师工作室全体成员更是热情如火，慕名走进百年特校——泉州市特殊教育学校参观学习。

物换星移，薪火传承。璀璨的海丝文明孕育了古城特教的萌动，闪耀的人性光辉照亮了泉州特校前进的方向。泉州特校已走过百余年的风雨历程，历史的脚步清晰凝重，文明的传承延绵不息。

泉州市特殊教育学校以“办人民满意的特教”为宗旨，招收视障、听障、自闭症等类型的学生，开设各种职教专业，如盲人推拿按摩、音乐以及聋艺术设计、油画、美容美发等。泉州特校做得更好的是对融合教育做了大量的尝试，尤其是1999年创办的泉州市中小学生社会实践基地平台，让普通中小学生与残障孩子生活在同一个校园里，共同举行文艺联欢、体育比赛，协助指导自闭症孩子的学习和生活，让他们相互了解、相互鼓励、增进友谊。2014年，学校又建立了泉州市青少年学生校外活动中心及海丝游学基地，进一步拓宽了该校学生与校外学生的交流渠道，为残障学生回归主流社会奠定了基础，形成残健一体化教育的办学特色。

在吴勇先副校长的带领下，我们参观了校史室、低视力资源中心、盲人按摩中心、音乐治疗室、盲聋学前部、自闭症学前部、职教大楼等。吴勇先副校长还详细介绍了学校在融合教育、教育康复、残疾人职业教育、残疾人就业平台建设等方面的办学成效。其中，在残疾人创业就业孵化基地——静土文创院，我们听取了静土文创院残疾人职业教育实训、残疾人就业、创作销售结合、融合教育等教育、创业、经营相结合的理念介绍，参观了静土文创院残疾学生的创作及丰富多彩的创意作品，大家对泉州特教在残疾人职业教育方面的创新理念表示高度认可。参观、交流研讨活动结束后，泉州市特殊教育学校的教育教学成果、逆向融合模式、残疾人康复、残疾人职业教育、创业、就业等办学经验给我们工作室成员留下了深刻的印象，双方表示今后将继续深入开展更多的交流与研讨，促进两地残疾人教育康复事业的快速发展。

下午，我们工作室成员来到了美丽的晋江市特殊教育学校，走进校门，呈现在眼前的是一座用手语表示的“爱”字校标，红色的手语校标让人不由得肃然起敬。学校以“阳光教育，润泽生命”为办学宗旨，不断更新教育观念，优化办学条件。

首先，晋江特校为我们安排了一节教学观摩课。在教学观摩活动中，卢泯老师围绕“等边对等角”这一定理展示了一节精彩的“三角形的性质”数学课。卢老师的专业素养及技能，让我们深深折服。

其次，在座谈中，晋江特校的李燕玉校长详细诠释了学校的发展历程，现有成就、经验及今后的发展方向。工作室主持人冯伟君也就广东省名教师工作室的相关建设情况做了详细的汇报交流。

最后，工作室全体成员跟随讲解老师的步伐，参观了学校的沐泉、农趣园、教室和职教展示中心，一路走来，我们发现学校的每一个角落都进行了精心的布置，给人一种干净而优雅的感觉。教室宽敞明亮，教学和活动区域都进行了合理规划，班主任还为学生们提供了日常生活学习的物品，同学们在温馨的环境中快乐地学习、成长。

“他山之石，可以攻玉。”晋江市特殊教育学校是一所理念超前、规模齐全、行动积极的美丽学校。在晋江市特殊教育学校的研学不仅开阔了我们的视野，而且更新了我们的教育理念，这是一次充电的机会，也是我们成长反思的过程。

（五）

6月21日，广东省特殊教育冯伟君名教师工作室全体成员抵达本次交流学习的最后一站——龙岩市特殊教育学校。

龙岩市特殊教育学校创办于1991年，是一所集盲、聋、智障、自闭症教育于一身的龙岩市教育局直属公立综合性特殊教育学校。学校全面推进素质教育，为残疾学生提供优质教育和服务，着力培养身心健康、意志坚定、兴趣广泛、有一技之长、能自食其力、残而有为的合格人才。学校以“为特殊学生的生存和发展奠基”为办学理念，形成了“教育康复结合，艺体职业并重”的办学特色。现有盲、聋、培智3个教学部29个教学班，学生300多人，教职工116人。学校开设了聋儿语言康复训练、按摩、家政、书法、油画、美容美发、康复教育、职业教育等20多门课程。

詹镇超校长热情地带领我们参观了校园的每一个角落，并详尽介绍了各功能场室及一些特色课程的设置，我们从中深深地感受到龙岩特校求真、务实的办学理念及办学特色。随后，工作室一行与龙岩特校进行了座谈，詹校长对龙岩特校的相关情况做了详尽的阐述。姚生平校长、冯伟君主持人在座谈中对龙岩市特殊教育学校对此次学习考察的精心组织安排表示感谢，并简要介绍了梅州特教和名教师工作室的相关情况。

通过学习考察，我们深深感受到残疾人教育事业的新变化、新气象。在交流中碰撞，在碰撞中升华。改革创新、担当实干，激励着我们用心用情用爱做好各项残疾人教育工作。

第四节 踏足新程 扬帆远航

2019年7月9—15日，刚刚结束繁重的教学任务，广东省冯伟君名教师工作室成员就不辞辛劳地向着美丽的青岛扬帆起航，参加了梅州市教育局和中国教师教育网精心组织的特殊教育学校骨干教师高级研修班赴青岛学习之旅。我们先后聆听了6位特教专家的讲座，并参观考察了青岛市3所特殊学校。名教师工作室成员们与特教专家、学校领导和教师进行了深入交流，共话特教发展。

山东潍坊学院特教学院王淑荣教授呈现了《基于课程标准的特殊教育学校课程实施与校本课程开发》的精彩讲座。她主要从以下三个问题出发启示大家思考。

（1）什么是课程标准?

（2）特殊教育学校课程标准，你知多少?如何面对?

（3）新课标给特殊教育学校教学带来了怎样的改变?

这三个问题直击人心，正是大家一直存在的困惑，也是大家此次研修之行重点想要解决的问题。

王教授用准确而精练并充满魅力的语言向大家逐一阐述和释疑。她结合培智学校学生的特点，着重解读培智学校校本课程开发的基本理念，并要求大家牢记于心。

（1）培养学生适应生活的素养。

（2）构建以生活为核心的开放而适性的课程。

（3）倡导感知、体验、参与的学习方式。

（4）注重潜能开发与功能改善相结合。

青岛市城阳区特殊教育学校刘佳胜校长呈现了《培智学校课程建设与难点解析》的讲座，他从一个管理者的角度给我们分享了他们学校关于“ABC”课程和“5S”课程建设的一些理念、方式、方法及成果。城阳区特殊教育学校发展良好，既有学前教育，又有职业教育，学前教育以康复为主，职业教育的实践基地也很多。在课程设置上结合学校实际情况，制定了学校的总目标，然后做细、做实，形成特色。学校的硬件建设先进到位，教师的专业素质也较强。学校的评价体系完整，做得细致到位，而且注重过程性评估。

青岛市中心聋校刘本部校长开展了题为《聋校职业教育‘实习就业一体化’实践探索与思考》的讲座，通过从内到外、从小到大两个方面阐述其学校在职业教育方面的具体做法。“内”是营造“融合、健康、尊重、快乐”的校园文化，因为一流的管理靠文化。“外”是寻求社会热心专业人士的参与合作。“小”是从低年级的劳动技术课抓起，对于残障学生从小就应该培养他们对职业的认识、对职业角色的认同以及正确的职业习惯和态度。残障学生的早期职业教育，可为他们提供职业方向性教育，使其从小便初步了解一些社会职业常识，培养其兴趣爱好，诱发他们的特殊潜能，引导其树立最基本的职业意识和定位，为其以后的初级和高级职业教育打下思想基础。“大”是强化于高中阶段，加强实践教学。学校根据社会需求及学生需要不断地调整课程，本着“学生需要什么，就教什么；学生能学会什么，就教什么；学生怎样能学会，就怎样教”的教学理念，培养学生的“一专多能”，促进实习就业一体化的可持续发展。

在青岛市教学能手、青岛市中心聋校程颖老师的《聋校个别化教学研究与实践》专题讲座中，她通过丰富翔实的案例和细腻的经验总结，非常细致地论述了个案研究的对象和具体的研究方式以及研究报告的写法，这些为我们特殊教育教师进行教学科研开辟了一条新的道路。确实，每个学期的教学总结总是如出一辙、缺乏新意，这样的总结对于教育教学质量的提高没有实质性的帮助。而对于学生的个案研究，既能有针对性地对学生进行教育训练，又能提升教师科研的素养，正是一举多得的好事，应该在每所特殊教育学校推广这一方法。

高级语言康复师、青岛市中心聋校的杨扬老师为我们带来了《听障儿童听觉康复概述》的专题讲座，她主要围绕听觉评估与训练两大块为我们进行了阐述，在尊重孩子听觉及言语发展规律的基础上，要遵循从觉察到分辨再到辨识与理解的规律。语言上，从音素到音节，到字、词，再到完整的句子。孩子在不同的年龄及阶段需要不同的康复项目和康复方法，要遵循规律，逐渐发展。杨老师通过现场模拟、观看视频和图片来为我们讲解听障儿童听觉评估与训练的方案及案例，让我们直面观察和了解到构音器官运动异常的几种类型，也了解到言语听觉链的具体概念，使我们受益匪浅。

江苏省特级教师、南京市育智学校王淑琴校长为大家带来了《特殊教育课堂教学组织与评价》专题讲座，她结合自身的经验和其学校的教学视频，指出特殊教育课堂教学要体现三个坚持：一是坚持课程改革与教育教学同步改革。课程改革的核心是课程设置、课程内容，但同时要改革教学组织形式、教学方法、教学评价等。如果拿着新书走老路，仍然采用"一刀切"的教学方法，不关注残疾学生的个别差异，势必违背课程改革的大方向。二是坚持按特殊教育自身规律和特点进行教学。即特殊教育教学要同时肩负传授文化知识、进行康复训练、培养职业能力的任务，最终使残疾学生自立自强，实现自己的生命价值，感受到生活的意义。三是坚持促进融合教育。打破特殊教育与普通教育之间的藩篱，积极探索建立与普通学校合作的育人机制，让残疾学生有更多样的学习机会。

参观学习（一）

在这次活动中，我们先后参观考察学习了青岛市城阳区特殊教育学校、青岛市晨星实验学校及青岛市中心聋校，这3所特殊学校的观念之新、思路之清、措施之硬、发展之快都给我们以强烈的震撼，使我们受益颇多。

青岛市城阳区特殊教育学校是我们本次考察学习的第一站，学校坚持以人为本的原则，提出了“让每一个孩子都阳光”的办学理念。我们首先参观了城阳区特教中心2018年新建成的4300平方米的二期综合楼，里面设立了书法室、茶艺室、园艺室、唱游律动室等专用室。二期综合楼的投入使用，加上先进的教育设施和专用设备，使城阳区特教中心在满足学前部、小学部、初中部、康复部师生教育教学需求的基础上，为开办职业高中班奠定了基础。城阳区特殊教育中心还发挥区域特殊教育资源中心的作用，以集中办学为依托，向各随班就读点提供适合的教育服务，从而实现智障儿童融入社会的办学愿景。

参观学习（二）

第二站是青岛市晨星实验学校，该校于2017年由市编委办批复成立，是全国北方地区首所公办自闭症儿童专门教育和康复学校。学校主要从事自闭症儿童的教育康复工作，内容涉及早期干预、义务教育、康复治疗、家庭支持、融合支持、科学研究等多个领域。学校自筹建时就将建设成中国自闭症专业领航为办学目标；学校秉承“生态教育”的办学思想，为自闭症儿童创设以“生态课堂、生态课程、生态校园”为依托的生态化教育康复支持系统，为其提供适切的教育，促进其个性化发展；秉持“敞开心灵、融爱同行”的教育理念，为自闭症儿童创设学习生活的港湾。以高起点、高水平、高质量办学为标准，把学校建设成特色鲜明、自闭症康复教育成果突出，在中国具有一定影响力的自闭症品牌学校。

参观学习（三）

第三站是青岛市中心聋校，这所学校办学时间久远，是全国《特殊教育提升计划（2014—2016年）》三项改革实验区的首批实验学校，是一所人文气息浓厚、教学设施先进、漂亮而精致的特殊学校。拥有一支师德高、业务精、富有活力的年轻教师队伍，致力于为每一个残疾孩子的终身发展奠基。学校对培养什么样的学生，如何培养学生，明确而科学地提出：办适合每一个孩子发展的教育。由此设计出来的学校教育教学工作管理流程和板块也充分显示了青岛市中心聋校对人的尊重，对人发展规律的尊重，饱含对学生将来立足社会需要的考虑。

青岛之行，不仅有直观的感知，也有理论的内化，更有实践经验的提升。此次参观考察学习让我们学习了经验，开阔了视野，启发了思路，更激发了工作热情。我们将不忘初心、博采众长、夯实本领，加强特殊教育专业化发展，乘着特教新课程理念的东风，在自己的教学领域砥砺前行。做新时代的特殊教育教师，我们永远在路上。

第五节　校际交流　共言特教

为深入贯彻党的十九大关于“办好特殊教育”的部署，发挥广东省冯伟君名教师工作室的辐射和专业引领作用，加强两地特殊教育教学交流合作和实现区域特殊教育的协同发展，提升各成员的教育理念及教学质量，工作室决定于2019年12月组织全体成员赴广东潮汕地区特殊教育学校考察交流和跟岗学习。

（一）

2019年12月18日，工作室全体成员在梅州市特殊教育学校校长姚生平及主持人冯伟君的带领下，首先奔赴汕头市潮南区特殊教育学校开展教学交流活动，开启本次跟岗学习第一站。

汕头市潮南区特殊教育学校成立于2016年2月，担负着为汕头潮南区适龄特殊儿童提供义务教育的重任。学校由最初的一名领导和一名教师慢慢发展、扩大，现今开办了2个启聪班和2个培智班，共有55名学生和10名教师。

该校遵循“感恩、自信、快乐、自强”的办学理念，着力营造温馨成长、关怀呵护、悉心培育的校园文化，力求把这些“折翼天使”培养成为意志坚强、兴趣广泛、心怀感恩、自食其力、残而有为的人。

工作室一行人在汕头市潮南区特殊教育学校刘育卿校长的带领下参观了教室及各功能场室，“小小书画展”更是吸引了大家，姚生平校长高度赞扬了学校连梓鸿同学的硬笔书法作品。

在随后的交流座谈中，刘校长热情介绍了该校的办学情况及办学特色。她表示，以教研为主导，以发展为主体，以提高特教专业素质为中心，为孩子们创设一个“以人为本”的良好育人环境，促进孩子们健康快乐地成长，是学校的办学愿望，相信也是每一位特教工作者的愿望。

最后，来自梅州、汕头的特教人从办学思路、课程设置、学生管理、个别化教学、送教上门等多方面分享了办学经验，大家畅谈了新形势下应如何更好地办特殊教育，共同展望了特殊教育的美好未来。

（二）

2019年12月19日上午，工作室一行人抵达考察交流和跟岗学习第二站——汕头市聋哑学校。

学员们在李映娥老师的陪同下，参观了学校办校60周年庆的校园文化建设展。李伟华校长则就学校近年的办学成果、教学理念和今后办学规划做了简单介绍。从对话中，我们得知汕头市聋哑学校办校已有60周年，是一所优质的全日制聋校，承担着粤东地区听障儿童九年义务教育：学前康复教育和初级职业技术教育的任务。近年来，学校屡创佳绩，2009年舞蹈节目《红头船潮乡情》参加全国及广东省第七届残疾人艺术会演并获得全国金奖和省一等奖；2007年舞蹈节目《鼓舞》荣获广东省第五届残疾人艺术会演特等奖、全国三等奖；2005年舞蹈节目《聋舞新歌》荣获第六届全国残疾人艺术会演银奖、广东省残疾人艺术会演特等奖、潮汕星河奖一等奖；舞蹈队学生陈佳纯、庄文洁等同学分别获“宋庆龄基金会奖学金”“汕头市小公民标兵”“汕头市三好学生”“汕头市优秀学生干部”称号；2004年2月24日庄文洁被中国残疾人艺术团录用为正式团员，成为广东特殊教育学校中首位登上中国残疾人艺术最高殿堂的学生，并参加《千手观音》的演出；舞蹈队学生鄞英2008年9月在残奥会闭幕式上参加舞蹈《星星你好》的演出，舞蹈队的事迹多次在《羊城晚报》《汕头都市报》《特区青年报》《特区晚报》上报道，汕头市电视台“5461”栏目还对庄文洁做了专题采访报道，广东省电视台根据庄文洁的经历制作了《舞者无声》专题新闻片，并参加了国际新闻片大赛。我们不禁感受到一甲子岁月中，汕头聋校师生们的奋力拼搏以及不断创新的热情与激情。

活动结束后，工作室成员均表示不虚此行。在今后的工作中，他们将把本次学习中所汲取的经验融合到教育教学中，不断钻研探索，以期更好地发挥工作室的辐射作用，办好人民满意的特殊教育。

（三）

2019年12月19日下午，广东省特殊教育冯伟君名教师工作室全体成员来到考察交流和跟岗学习第三站——汕头市特殊教育学校。

汕头市特殊教育学校是汕头市残联直属单位，成立于2013年9月，2016年5月新校区全面启用。学校目前已招收视障、听障、智障、肢残（脑瘫）和孤独症共五类残疾学生，是粤东地区规模最大的综合性特殊教育学校。学校以“为特殊孩子的幸福生活奠基”为办学宗旨，以将每一位特殊孩子培养成“自尊自信爱生活，自强自立有技能”的合格公民为教学目标，注重学生的生活化教育、体能训练及特长发展，这种多方面拓展的教育教学模式为学生们更成功地融入社会、享受幸福生活打下基础。

抵达学校后，梅州市特殊教育学校姚生平校长、工作室主持人冯伟君与汕头市特殊教育学校王婕副校长进行简单交流后，工作室成员随即开始学习活动，成员们分成两组分别听了启智二年级何碧婷老师的生活语文课“认读复习”以及启明四年级李伊妍老师的英语课“Dinner’s Ready”。我们见到了一个个真善美的课堂，也从这些课堂中学到了很多。两位讲课的老师没有刻意追求语言的华丽、课件的精美，更没有摆那些好看而不实用的花架子。她们完全是站在学生的角度去考虑，呈现在听课教师面前的是真实的、常态下的课。没有很多浮躁的、形式上的东西，让人感觉自然、亲切，真正体会到课堂教学的朴素与扎实，也让我们感受到了一位位特殊教育教师的魅力所在。

作为特殊教育教师，我们能做的就是最大限度地开发学生的潜能，教给他们可能学会的东西，帮助他们成为更好的自己！我们默默地祝福学生健康快乐！一部分孩子能学会生活自理就好，如果能学会一技之长可以自食其力就非常好了！

最后，为了更深入地交流分享，王婕副校长和学校教务处孙团主任同工作室一行人在学校会议室座谈。王婕副校长为大家详细地介绍了学校自迁入新校区以来的办学情况，孙团主任着重补充了启明教育组和启智教育组的学生情况。其中视障学生在文化课学习之余还同时开展艺术课程兴趣班，如街舞、非洲手鼓、二胡演奏、古筝演奏（低视力）等；智障学生的主要教学模式是根据学生能力水平的不同去分班，再设置相应的课程，尽量做到因材施教。梅州市特殊教育学校姚校长也简要地介绍了梅州市特校的情况，主持人冯伟君介绍了工作室的相关情况，同时也谈了此行听完公开课后的感受。在冯伟君副校长的带动下，工作室的其他成员也相继发言进行评课，与两位老师交流探讨。老师们各抒己见，分别对课堂教学设计、备课、课堂语言组织、课堂授课方法等做了精彩的分享。老师们一致认为，值得学习的地方有：第一，上好课的前提是充分备课，备课不仅要备教学设计，还要备学生，只有方方面面都考虑周到，才能达到事半功倍的效果。第二，教师语言要有艺术魅力。老师扣人心弦的过渡语言，烘托了课堂的气氛，同时也激发了学习兴趣，为学生理解课文内容奠定了基础。课堂语言简洁、准确，能使学生的心灵受到震撼，唤醒学生沉睡的记忆。第三，教学上注重教给学生学习的方法。俗话说“授人以鱼，不如授人以渔”，教学就应是源于教材又要高于教材，教师在教学中就要有意识地让学生逐步领会学习方法，让学生掌握学习知识的窍门。第四，教师要学会调动学生的学习积极性，为学生提供充分从事课堂教学活动的机会，帮助他们在自主探究与合作交流的过程中真正理解和掌握基本的知识与技能、思想和方法，获得广泛的课堂教学活动经验。

此次的汕头市特殊教育学校之行，时间虽然短暂，但非常充实。启心组（孤独症教育组）的个训课程，还有两节公开课的教学效果，都给工作室成员带来了思考，成员们纷纷表示，将进行反思总结，力求把经验借鉴到平时的教学过程中，不断地提升自我的综合素养。

（四）

2019年12月20日上午，广东省特殊教育冯伟君名教师工作室全体成员来到考察交流和跟岗学习第四站——潮州市特殊教育学校。

潮州市特殊教育学校创办于2017年，是一所九年一贯制学校，是为聋哑、智障、自闭症等残疾少年儿童提供教育教学和康复训练的综合性特殊教育学校。

学校坚持以人为本，以“爱国、文明、乐学、自强”为校训，以“教书育人、管理育人、服务育人、环境育人”为办学理念，以“爱”为主题，打造“不一样的学校，不一样的教育”。

次日，寒风瑟瑟，工作室一行却满怀热情，一早便奔赴潮州市特殊教育学校。一到学校，一群可爱的孩子就在老师的指导下给我们带来了欢乐的歌舞。工作室成员在潮州市特殊教育学校蔡泽榜校长的陪同下参观了校园和各功能场室。学校非常重视环境育人和文化育人，班班有特色，每面墙壁都精心设计，以鲜活的图片与文字直观呈现，为孩子们创设了一个丰富多彩的学习空间。学校也非常重视本土文化教育和传统文化的培养。临近冬至，学校组织开展节日的宣传教育活动，每个班都举行了冬至亲子做汤圆的活动，整个校园充满了节日的气氛。

参观校园后，全体工作室成员与潮州市特殊教育学校就特殊教育教学展开了交流研讨。蔡校长向我们全面介绍了学校的办学情况和教科研特色，潮州特校注重传承文化、打造特色产品的意识值得我们学习。

第六节 送教下乡促交流 互学共研同成长

——记2020年6月广东省特殊教育冯伟君名教师工作室送教下乡活动

五华县特殊教育学校占地面积26128平方米，建筑面积12415平方米，规划在校生人数300人（其中聋哑108人，智障192人）、27个教学班（其中聋哑9个班，智障18个班），按标准化特殊教育规模建设，配备了感觉综合训练教室、个别训练室、体育康复训练室、心理宣泄室、音乐律动教室、美工室、劳技教室、心理辅导室等功能场室，是一所集教育、康复、养护于一身的特殊教育学校。学校的建成，对促进五华县特殊教育规模发展和提高特殊教育质量具有长远意义。

面对有听力缺陷和智力障碍的残疾学生，五华特教人高扬博爱旗帜，实施爱的教育，使学生逐步提高道德认识、培养道德情感和形成良好的道德行为习惯，最终成为自强自立的有用之人。

本节课是工作室成员李燕老师执教的北师大版六年级上册“圆的周长”，教者亲切的教态、扎实深厚的基本功、精妙的课堂设计、现代化的教学手段，全部尽情地渗透在课堂教学中，折服了现场听课的全体教师及领导。在巧妙灵活的引导下，一个个习题提问极大地拉近了师生间情感的距离，激发了学生强烈的学习愿望，活跃了课堂气氛，老师富有生活气息的情境创设，让学生参与了知识探究，加深了学生对数学的理解，教学效果非常好。

课后，五华县特殊教育学校组织了研讨交流。活动由五华县特殊教育学校校长黄裕凡主持，工作室主持人冯伟君对此次活动进行了恰如其分的评点，执教老师李燕阐述了自己的教学设计和课后反思，名教师工作室其他成员和听课老师分别进行了评课。最后，姚生平校长对此次活动给予了充分的肯定，并希望日后通过各项活动加强两校之间的联系。

此次名师送教下乡活动的开展，充分发挥了名师的引领和辐射作用，既开阔了教师的视野，启迪了教师的思维，又促进了教师的专业成长，同时为梅州特殊教育教研工作的提升起到了有力的推动作用。

第七节　赴粤东西北跟岗学习

为推动广东省名教师、名校（园）长工作室工作有序有效地进行，根据上级有关文件精神，嘉应学院省级中小学教师发展中心调研组对梅州市广东省名教师、名校（园）长工作室进行了调研。依照安排，广东省特殊教育冯伟君名教师工作室主持人、工作室助手及部分学员于2020年9月17日参加了此次调研活动。

活动中，广东省特殊教育名教师工作室主持人冯伟君从蕴含理念的工作室logo设计、工作室的团队制度建设、工作室成员线上线下研修以及到省内外各地特殊学校跟岗学习、送教下乡等活动方面做了汇报。几年来，工作室成员快速成长，获得的教学教研成果累累。随后各名教师、名校（园）长工作室带头人也做了工作汇报，详细阐述了工作室目前的情况，成立两年来开展的各项特色亮点活动、取得的各项成绩等，起到了很好的引领、示范、推广和辐射作用。

随后，各工作室的主持人畅谈了工作开展过程中取得的成绩以及遇到的困难，田守凯副主任对各工作室两年来的各项工作给予了高度的肯定并当场解答了各工作室主持人在开展工作过程中遇到的问题，对工作室如何更好地开展提出了建设性的意见，为发挥工作室的地区示范、引领作用起到了重大推动作用。

回首过去，广东省特殊教育冯伟君名教师工作室真抓实干，取得了一定的成绩和影响，今后还将不忘初心、牢记使命，努力发挥特殊教育名教师工作室的研究服务和专业引领作用。

（一）

研中学，善思考，积跬步，行千里。2020年11月2日，广东省特殊教育冯伟君名教师工作室教学交流活动在梅州市特殊教育学校如火如荼地进行。

根据日程安排，上午，华南师范大学教科院特殊教育系主任、副教授谌小猛应邀来到梅州市特殊教育学校开展讲座，广东省特殊教育冯伟君名教师工作室组织成员认真聆听了本次讲座。

梅州市特殊教育学校姚生平校长致欢迎词并寄语工作室全体成员能珍惜这次来之不易的学习机会，在学习中不断提高教育教学能力，带动梅州各县区特殊教育教师成长，为梅州特殊教育事业做出应有的贡献。

在讲座中，谌小猛副教授就特殊教育政策法规越来越健全、特殊教育对象越来越丰富、特殊教育安置越来越多元、特殊教育体系越来越健全、课程理论模式越来越生态、特教学校功能越来越多样、评估与教学越来越紧密、辅助科技与信息化越来越明显及学科整合越来越突出九大板块向我们讲授了特殊教育的发展趋势。谌小猛副教授的讲解接地气、重实践，带给学员们全新的收获。大家聚精会神聆听，认真做笔记。这次讲座学术气氛浓厚，内容充实严谨，工作室成员受益匪浅，让大家站在一个新的高度、新的角度去了解特殊教育。

下午，工作室主持人冯伟君、成员刘广安及梅州市特殊教育学校副校长冯嘉杰分别举行了听障部、视障部的数学和计算机公开课。从容的教态、轻松的教学氛围、精美的课件让听课老师们赞不绝口。学生们认真聆听、积极发言，课堂气氛十分活跃。课后，各小组成员分别对这三节课进行了探讨。

最后，工作室主持人冯伟君对此次活动做了总结，他希望工作室全体成员认真学习，进一步提高一线骨干教师的专业素养，达到本次活动的目的，坚持工作室的宗旨，完成工作室的职责。

（二）

为深入贯彻党的十九大关于“办好特殊教育”的部署，发挥广东省特殊教育冯伟君名教师工作室的辐射和专业引领作用，提升各成员的教育理念及教育质量，实现区域特殊教育的协同发展。2020年11月3日，广东省特殊教育名教师工作室和梅州市名校长工作室一行20人来到了本次跟岗培训及总结分享活动的第二站——韶关乳源瑶族自治县特殊教育学校。

热情好客的张勤辉校长和县教育局督导室杨翠萍督导员带领工作室一行人参观了学校的班级文化及各功能场室。

为了深入交流办学情况和办学特色等经验，大家进行了一次座谈交流会。在座谈会上，张校长首先向我们介绍了学校的基本情况、学校管理、教学工作等内容。其中着重向我们分享了乳源特校“三三制”的办学特色。随后，姚生平校长介绍了两个工作室的情况。冯伟君主持人对工作室近三年来各学员的学习情况和研修成果做了总结。之后姚校长介绍了梅州市特殊教育学校的校园文化和课程特色，并对张校长提出的有关办学理念和教学工作发展过程中遇到的种种问题给出了有效建议。最后，大家针对办学理念、课程建设、个别化教学、送教上门、学生管理等方面畅所欲言，分享了办学经验。

本次工作室交流活动，提升了学员们的专业素养和教育理念，同时也增进了特校之间的相互了解，拉近了彼此的距离，为共同发展奠定了基础。

（三）

为推动特殊教育的改革和发展，增强与各市特教学校的交流和学习，2020年11月4日，广东省特殊教育冯伟君名教师工作室全体学员在工作室主持人冯伟君副校长的带领下，前往韶关市特殊教育学校进行参观交流活动。

活动中，工作室一行人首先参观了校园环境、功能室以及学生作品展，观看了学生的大课间等，并详细了解了学校的办学情况。干净整洁的校园、热情有礼的学生，给大家留下了深刻印象。

在随后的座谈交流中，马海燕校长为我们详细介绍了韶关市特殊教育学校的办学基本情况，倾情分享学校在课题研究、教科研工作、个别化教育计划评估与实施等方面取得的成果及经验方法。

座谈会后，我们一行人到录播教室听课。在听障部六年级数学“倒数的认识”的课堂上，赖老师充分运用先进的多媒体技术、丰富的教学、有趣的游戏活动等形式创设情境、创造机会，打造生动有趣的课堂，让学生主动参与课堂教学活动，在游戏中探索、在合作中学习。课后，通过评课、交流等形式，进一步明确了有效课堂教学的开展与评价。

此次活动有效地加强了校际间的沟通和交流，加深了两校之间的友谊，也达到了经验共享、共同提高的目的，对推进学校特色发展，提升教育教学质量起到了积极的作用。

（四）

金秋正是丰收的季节，广东省特殊教育冯伟君名教师工作室全体学员也期待着能在此次校际交流、跟岗学习之旅中收获满满。2020年11月5日上午，迎着金秋的暖阳，我们一早来到了本次学习之旅的第四站——清远市特殊教育学校。

一进校园，就看到了一群朝气蓬勃的学生正在操场上做着课间操，老师和学生们的活力向我们展示了这所学校的青春与激情。学校的余智昕副校长和吴忠琼主任热情地接待了我们，带着我们到会议室座谈交流。会上，梅州市特殊教育学校姚生平校长和工作室主持人冯伟君副校长介绍了此行的目的和工作室成员所在学校的概况，清远市特殊教育学校吴忠琼主任也为我们介绍了学校的基本情况和办学特色。

清远市特殊教育学校是清远市人民政府举办、清远市教育局主管的地市级综合特殊教育学校，招收的学生类型比例较多的有聋生和智障生。目前该校的工作重点是：①全市义务教育阶段脑瘫、自闭症、智障中重度、听障儿童的康复与教育；②全市高中职业阶段的听障、智障学生的教育和职业技能

培训；③加强硬件建设，加强软实力提升，将学校办成全市特殊教育资源中心。该校的办学特色主要有：第一，德育工作，坚持把“立德树人”作为德育工作的首要任务，围绕“关爱·感恩”的办学思想和“养成教育、安全教育”两个核心，多形式、多方位开展德育宣传教育。第二，教研科研，学校坚持教学与康复同步的办学方向，成立“正面管教”工作坊，有计划地组织青年教师参加省、市各级各类教学培训。第三，艺体教育，学校重视培养和发展各类残疾儿童的体艺才能。

经过视障班时，工作室主持人冯伟君副校长给清远市特殊教育学校的老师们分享了盲生珠心算的教学经验。

参观过程中，我们着重观摩了清远市特殊教育学校的剪纸艺术和衍纸艺术课程的开展。该校确立了培养学生“浓厚的文化艺术兴趣和鲜明的艺术特长”的目标，开设了绘画、音乐、舞蹈、剪纸、衍纸、插花、茶艺等特色艺术课程，形成了浓厚的艺术教育氛围。

参观学习的时间总是过得很快，但这次行程给老师们留下了深刻的印象，清远市特殊教育学校建校10年，已经形成了鲜明的教学理念并取得了丰硕的办学成果，这是需要我们去学习的。

研修路漫漫，工作室成员在这条学习道路上会不断地摸索，争取进步，从不停歇！相信在接下来的学习研修之旅中，工作室的每位成员都会积累更多的教育教学经验，以丰富、提升自身的教育教学能力，更好地去服务特殊教育。

（五）

为进一步提高工作室教师的专业发展水平，强化工作室的师资队伍建设，整合区域的教育教学资源，工作室于2020年11月2—8日赴粤西北地区进行跟岗学习。11月6日抵达行程第五站——茂名市特殊教育学校。

茂名市特殊教育学校是一所集康复、文化、职技和艺术教育于一身的综合性特教学校，教育对象为听力和智力障碍的特殊孩子。在校方领导的细致讲解中，我们不仅了解了学校的办学情况、办学理念、教学成果，还有幸学习了其办学品牌——艺术教育的课程设置、教学心得及摘取的累累硕果，着实让我们感受到“打造学校品牌，办好艺术教育”这句口号的分量。

在细致地参观了学校的文化建设后，工作室一行人根据所任教的学科及学段，分别听取了高一语文课、初一美术课和一年级语文课。虽然教师们的教学风格迥异，但他们均能从学生的学情出发，巧妙地结合当下课改的重点，选取合适的教学内容，使学生在民主的课堂氛围中参与学习、获取知识，令我们受益匪浅。

随后，两校畅谈了各自的办学特色、先进经验、管理做法，各成员就本次交流的主题分享自己的体会，提出相关的问题，共同探讨，将本次交流活动推向了高潮。

活动结束后，大家均表示本次活动不仅为教师们提供了一个学习交流的

平台，更为促进教师专业化发展开启了一个良好的开端。相信两校教师均会在今后的教学中不断探索，使特教教育教学迈上新的台阶。

（六）

2020年11月7日，广东省特殊教育冯伟君名教师工作室成员和梅州市姚生平名校长工作室成员一行20多人在姚生平校长和冯伟君主持人的带领下，走进本次跟岗学习活动第六站——阳江市特殊教育学校。

阳江市特殊教育学校将坚持让残疾孩子“为融入社会走进来，为服务社会走出去，争创一流特殊教育学校”为办学目标，全面实施素质教育，使学校成为学生的“生活之家”“学习之家”“康复之家”“职业技术培训之家”。

学校拥有一支高素质、专业化的师资队伍，专任教师学历本科率达到100%。2009年4月，得到教育部、民政部、中国残疾人联合会联合授予的“全国特殊教育先进单位”光荣称号。当我们走进校园时，大家都产生了三种感觉——静、阔、靓。校园非常干净，操场也非常宽阔，每处布局都十分合理，处处充满艺术的气息。首先，我们一行20多人在何文韬校长的带领和讲解下参观了整个校园，学校处处透出细致、精美、整洁。大手笔绘制蓝图，又用工笔勾勒细处，校园处处都达到了很好的育人效果。校园内为数不多的标语、班级教师的爱心寄语、教室内精心的布置，都体现出一种爱的教育思想，体现残而不废，用爱呵护，教学生一天、想学生一生，让学生学会生存、融入社会的教学理念。

成员们参观了学校的律动室、绘画室、电脑多功能室、图书阅览室等各功能室，深刻感受到该校对学生文化艺术培养的浓厚氛围，将艺术教育落到实处、做到高处，让学生通过艺术表演这个舞台展示自己的同时，还向外界宣传了学校。学生在这样的校园里学习和生活，能够学有所长、学有所用，使自己的生活质量得到很大的提升。

最后，两个工作室的成员与阳江市特殊教育学校的领导和老师在会议室共叙特教情，共筑特教梦。在座谈中，何文韬校长对阳江特校的办学历程和办学成果做了详尽的阐述。姚生平校长、冯伟君主持人在座谈中对阳江市特殊教育学校此次学习交流活动的精心组织安排表示感谢，并简要介绍了梅州市特殊教育学校和名教师、名校长工作室的相关情况。

此次校际交流活动，立足学校，放眼四周，团结和谐，其乐融融，真正达到了互学、互动、共享的目的。最后，姚生平校长和何文韬校长达成共同的愿景：希望两校加强沟通、协作共进，共同谱写各自美好的特殊教育新篇章，一同成长，一起繁荣。

第三章 科研成果

第一节　工作室教育教学论文

现代信息技术在聋校数学教学中的应用

梅州市特殊教育学校　冯伟君

2009年，教育部《关于进一步加快特殊教育事业发展的意见》中明确指出要“加快特殊教育信息化进程”“特教学校要根据残疾学生的特点积极开展信息技术教育，大力推进信息技术在教学过程中的应用，提高残疾学生信息素养和运用信息技术的能力”。《聋校义务教育数学课程标准（2016年版）》“前言”中明确提出：“听觉障碍既严重影响聋生的语言发展，又严重影响聋生理解能力和抽象概括能力的形成，给数学学习带来困难。因此，如何发挥聋生的视觉认知优势，结合计算机技术，通过动作思维和形象思维，因势利导地培养聋生的数学素养，是聋校义务教育阶段数学教育必须解决的问题。”可见，大力推进信息技术在聋校数学教学过程中的应用是现代特殊教育的发展趋势，也是提高教师教学质量、增强听障学生学习能力的一条创新之路。

一、信息技术在聋校数学教学中的应用优势

实践证明，现代信息技术在聋校数学教学中的应用有诸多优势：一是在聋校数学教学中融入信息技术可以为聋生创造良好的视觉环境，拓宽信息传递的渠道，极大地弥补他们的听力缺陷，消除学习障碍，有助于聋生通过视觉思维和动作思维认知数学、学好数学、发展数学思维能力。二是在聋校数

学教学中融入信息技术可以让数学知识更加形象、直观。信息技术的直观形象性为聋生的学习提供了良好的契机，将图片、文字、图表、视频和动画等形式生动地呈现在聋生面前，降低学习知识的难度，提高聋生在数学课堂上的适应性，有助于他们对知识的理解和掌握，也更能激发他们的数学探究热情和主动学习意识。三是在聋校数学教学中融入信息技术可以通过生活的再现、事物的演示、多媒体应用等各种手段，结合聋生的生活实际来创设数学教学情境。把学生带入与教学内容相关的特定情景中，有助于激发学生的学习兴趣，促使其全身心地投入学习。同时借助这种情景，把知识的传授、能力的培养、智力的开发以及情感意志的陶冶融为一体，作用于学生的心理，让其获得丰富的学习体验，从而提高课堂教学效率。四是在聋校数学教学中融入信息技术可以提高聋生运用信息技术的能力，有助于培养他们的信息素养以及利用信息技术革新进行终身学习的能力，为他们将来的发展打下良好基础。

二、信息技术在聋校数学教学中的应用策略

1. 加强特殊教育信息化教学环境的建设

建设特殊教育信息化教学环境是大力推进信息技术在教学过程中应用的首要前提，其主要包括信息技术硬件设施、网络条件和软件系统。从大的方面来讲，要建好国家特殊教育资源库和特教信息资源管理系统，促进优质特殊教育资源共享。从小的方面来讲，地方各级人民政府要加强特殊教育信息化的软硬件建设。落实到学校，首先要创建多媒体和网络化的特殊教育信息化教学环境，完善校园现代信息技术教育所需的计算机互联网、多媒体设备和学校内部教育教学资源的共享平台。同时要加强学校教师信息技术应用能力的培养，提升教师信息素养和运用信息技术的能力。最终要普及信息技术在学校教育教学和管理中的应用，提高教育质量与效益。

2. 重视信息技术与聋校数学课程的整合

信息技术与课程整合是指在课堂教学过程中把信息技术、信息资源、信息方法、人力资源和教学内容有机结合起来，共同完成课堂教学任务的一种新型教学方法。聋校教师在进行信息技术与数学课程整合时，要在充分了解聋生认知特点和教学内容的情况下，结合信息技术特点确定教学目标、教学重难点和教学方法，以提高数学教学质量和达成教学目标为导向，对信息技

术的应用形式进行合理的安排。例如，信息技术在聋校数学“圆的周长”教学过程中的应用如下。

（1）游戏导入新课。教师先用希沃白板制作图形后添加蒙层，再用橡皮擦拭出部分图形，让学生猜一猜是什么图形，结果第一个是正方形，第二个是圆形，从而引发聋生对圆的认知兴趣，导入自然而富有吸引力。

（2）播放Flash课件。教师利用动画视频讲解用滚动法和绕线法测量圆的周长的过程，渗透化曲为直的转化思想，动画演示过程形象直观，实验操作简单，效果良好。

（3）巧用软件教学。“圆的周长”教学难点之一是要求学生探究圆周率π的含义，这对于缺乏语言逻辑和抽象概括能力的聋生来说难度较大。

此时，教师可在希沃白板课件上使用“几何画板”软件，在同一个平面内设计一个可以通过按钮随意拉大或缩小的“圆”图形和公式$\frac{C}{D}=\pi$，让几个学生上台操作拉动按钮随意缩放圆的大小，引导学生观察发现圆的周长和直径都会随着圆大小的变化而变化，即在公式$\frac{C}{D}=\pi$中，C（周长）和D（直径）的数值都会随着圆大小的变化而变化，而π（$\pi\approx3.14$）的数值始终保持不变。这说明圆周率π是一个固定不变的数，从而验证了“任何圆的周长都是直径的三倍多一些”的结论。利用“几何画板”软件的动态演示功能，把公式推导过程直观呈现在学生面前，化抽象的几何问题为形象的图形问题，降低了聋生的学习难度，加深了学生对圆周率π的含义的理解。

（4）游戏巩固练习。教师利用希沃白板的课堂活动功能，设计了聋生喜欢的游戏活动，让聋生在积极参与游戏中轻松愉快地完成课堂练习题。游戏活动增添了课堂的趣味性，活跃了课堂气氛，激发了学生的学习兴趣和参与意识。

3. 突出现代信息技术在聋校教学中的补偿作用

由于听力受到不同程度的损伤，聋生的视觉补偿功能就会凸显出来。对于视觉功能优秀的聋生来说，他们的形象记忆能力都发展得比较好，并以形象思维为主。因此，信息技术的直观形象性为聋生的学习提供了良好的契机。这也是信息技术得以在聋生的教学过程中发挥重要作用的原因之一。科学运用信息技术能使抽象的问题具体化、枯燥的问题趣味化、静止的问题动态化、复杂的问题简单化，有利于增强聋生课堂学习的实效性。将信息技术应用到数学教学中，运用图形、图像、视频、动画等多媒体技术进行直观化教学，能够让聋生更充分地理解教学的重难点内容。此外，信息技术的合理应用可以丰富学生的感官活动，调动学生的积极性，使学生充分参与到教学过程中，有利于提高他们的理解力。

具体来说，数学知识具有较强的逻辑性和抽象性，在实际的教学过程中难免会出现一些聋生难以理解和想象的知识点，为课堂教学效率的提升带来了极大的阻碍。因此，数学教师要充分发挥聋生的视觉认知优势，利用一定的视觉策略将抽象的知识展示给学生，让学生在丰富的感性基础上加深对知识的理解和掌握，减少学生对听力的依赖，减少学生在数学学习中可能遇到的听力障碍和思维障碍，让学生实现高效、快乐的学习。例如，在教学“直线、线段和射线”的概念时，教师很难用手语讲解清楚有关直线、线段和射线的抽象含义，使用直观图片也很难说明直线、射线可以向两端或一端无限延长的特性，这时教师可以运用信息技术制作多媒体课件，以视频动态演绎的形式来展示有关直线、线段和射线的特点，以加深聋生对数学概念的本质理解，使教学达到事半功倍的效果。

4. 利用现代信息技术创建网络资源共享平台

信息技术提供网络资源环境，拓宽知识来源渠道，能为特殊学生提供多种学习路径。聋校教师要充分利用现代信息技术，创建多媒体和网络化的特殊教育信息化教学环境。加强数学教程资源的研发和积累，建立教育教学信息资源共享平台。利用网络优质资源与网络学习空间，为聋生提供一个开放性的操作平台，让教学活动不受或少受时空限制，让良性循环互动成为现实。同时还可以开展线上线下课程，满足聋生个性化学习的不同需求，实现个别化学习和合作化学习的和谐统一。此外，教师可以创建网络交流平台，将教学资料上传以供师生们参考和学习，学生们可以通过平台进行交流和讨论，发现并解决问题。总之，网络信息资源的无限性为教师提供了丰富的教学资源，极大地满足了学生对于数学知识的需求，提高了师生互动的频率，有利于教与学的互动和师生之间的交流，有利于聋校数学教学质量和教学效率的提高。

三、结束语

现代信息技术在聋校数学教学中的应用能够激发学生学习兴趣，优化数学课堂教学，提升教师教学质量，增强学生学习能力。信息技术作为辅助教学工具，对聋生能起到补偿缺陷、开发潜能的作用。因此，聋校教师要充分运用信息技术，结合学校和学生的实际情况，合理设计教学方案，因势利导地培养学生的数学素养。

参考文献

[1] 黄建行，雷江华. 信息技术在特殊教育学校的应用［M］. 北京：北京大学出版社，2015.

[2] 杨生兰. 数学教学与信息技术整合的优势及注意事项［J］. 甘肃教育，2015（11）：60.

[3] 高玉霞. 论信息技术在聋校数学课中应用的有效性［J］. 数理化学习（教研版），2018（3）：27–28.

[4] 陈丽江. 新课标下聋校数学课中信息技术的应用原则及策略［J］. 现代特殊教育，2019（21）.

（本文发表在《成才之路》2020年第14期）

信息技术在聋校数学图形与几何教学中的应用

梅州市特殊教育学校　冯伟君

《数学课程标准》要求学生在学习图形与几何时必须经历从现实源泉中抽象出几何模型的过程，体验图形与现实世界的密切联系，发展空间观念。聋校学生由于听力损失和语言障碍，造成其在数学的学习过程中会出现认知受限以及学习障碍的现象，单纯依靠传统的“老师讲，学生听”的教学模式是行不通的。因此，我们在教学中引入了信息技术来提升图形与几何教学的高效性。信息技术具有很强的直观形象性，可以刺激听障学生的视野，从而开发听障学生具体的形象思维，通过视觉器官对失聪器官的补偿作用，充分调动听障学生多种感官参与学习，吸引听障学生的注意力，激发听障学生的学习兴趣，提升教学质量。在下文中，笔者将从两个方面来详细描述信息技术在聋校数学图形与几何教学中的应用。

一、信息技术的运用要考虑聋生的生理特点

科学实验证明，人类对信息的理解程度及记忆保持能力因刺激方式的不同而不同。一般而言，人的感官对于信息的理解程度基本是：视觉83%，听觉11%，嗅觉3.5%，触觉1.5%，味觉1%；人对信息记忆保持的能力为：2小时后的保持率为谈话情况70%，观看情况72%，而72小时后的保持率为谈话情况10%，观看情况20%。数据表明，在人类对信息的理解和记忆过程中，视觉占了绝对优势，而聋校学生由于失去听觉，我们便可以发挥其视觉优势，在图形与几何的教学中充分利用听障学生的视觉优势进行学习。除此之外，亲身经历所得出的经验比起听、说等手段获得的经验要容易一些。在图形与几何的教学过程中，笔者充分利用信息技术的直观性这一功能，给学生提供视觉带来直接体验的教学情境，为学生呈现出一个虚拟现实的学习环境，让学生在其中体验，在信息学习环境中学数学、在生活中学数学，实现有效教学。

例如，在教学“长方体和正方体”这一章节时，笔者利用信息技术设计教学课件，创设出一个“虚拟的现实”，让学生置身于工地中，我们的任务是一层一层地盖房子，这极大地激发了听障学生强烈参与的欲望，他们迫不及待地想动手设计和整修房子。在整个教学过程中，听障学生主动参与以及合作互动得以充分体现，每个学生自然地把所学的知识与虚拟的生活实际紧密地结合在一起，“亲身经历”社会，缩短了教材内容和生活经验之间的距离，既提高了学生解决实际问题的能力，又提高了课堂的教学效率。教学过程如下。

例题：在修盖房子时，我们需要修建12间正方体的房间，你有多少种不同的修法？

此时，笔者给学生们提供了12个同样大小的正方体积木来替代正方体的房间，学生们可以动手操作，也可以小组交流。

（1）师生共同分析题目。

师：如果让你拼，你打算怎样考虑？同桌相互交流一下，把你的想法说给同桌听听。

师：有比较好的方案了吗？

生：我们可以分情况考虑，如果分一层，就会有以下几种情况。

一层一行：1×1×12；一层两行：1×2×6；一层三行：1×3×4

如果分两层：

两层一行：2×6×1（重复）；两层两行：2×2×3；两层三行：2×3×2（重复）

如果分三层：

三层一行：1×3×4（重复）；三层两行：2×3×2（重复）

师：大家都同意他的思路吗？有没有不同的想法？说说看。

生：……

（2）学生尝试解答并完成讲解。在学生动手操作的过程中，教师同步利用信息技术把以上各种不同的修法都在教学课件上直观形象地模拟展示出来，让学生更好地理解数学知识。

（3）小结：此类题型重点是要培养学生按照一定的规律或顺序去排列，如此才不易重复或遗漏。

师：原来修房子就跟搭积木一样，今天我们在搭积木的过程中还运用了数学知识，可见，数学是来源于生活并服务于生活的一门学科。

以上教学案例通过刺激学生的视觉及触觉方面的感知来弥补失聪带来的认知缺陷，在整个教学过程中一切以听障学生的基本感受为主，所有一切从学生出发，设身处地地为学生着想，从而使学生彻底敞开心扉，完全融入课堂教学以及课堂活动中，使教学有效展开。

二、信息技术的运用要考虑聋生的思维特点

和正常儿童一样的是，听障学生的思维发展同样会经历动作思维、形象思维和抽象思维三个阶段。但听障学生由于言语形成和发展迟缓、困难和缺

陷，思维的发展较长时间停留在第二阶段，表现出了更大的具体形象性。

聋校“图形与几何”教学中信息技术的应用要扬长避短，发挥信息技术生动、直观、形象、感染力强、图文并茂等优势，同时结合语言（手语）教学，适时把听障学生的思维认识从具体形象上升到抽象逻辑的高度，从而加强学生对其的理解。聋生由于见识不广，普遍缺乏发散思维和举一反三的能力，很难主动提出问题、分析问题和解决问题，缺乏主观能动性。但运用现代信息技术中的动画模拟、色彩的变化、图形的移动等手段表达教学内容，能使听障学生身临其境。

例如，在教学“圆的周长”这一知识点时，学生们很轻松就记住了公式——圆的周长=2×圆周率×半径，但是圆的周长这一知识点并不是单纯地依靠掌握圆的周长的计算公式就能轻松掌握的，并且通过以往的教学经验，笔者知道学生在掌握这部分知识时通常会出现练习题错误率高以及测试成绩不高的现象，原因在于学生以为自己对这部分知识已经熟练掌握了，但实际上恰恰相反。最根本的原因在于和圆的周长相关的知识点与生活息息相关，一个人的学习习惯一定是跟他的生活习惯相仿的，因此我们可以从生活出发来开启以培养聋校学生的数学思维，因此在教学时，除了利用信息技术设计教学课件以外，笔者还会给学生提供更多的机会将自己融入生活中去。由于聋校学生身心情况的特殊性，他们接触生活的机会比常人更少，因此让学生在熟悉的生活场景中学习就显得更为必要了。在例题的讲解过程中，笔者将本题建立在以两人进行比赛的方式来解决圆的周长问题的基础上，而此时同桌两人可以角色扮演比赛的两人，这极大地调动了聋校学生的参与度。在整个教学过程中，学生们都积极主动地参与到学习中来，每个学生自然地把所学的知识与虚拟的生活实际紧密地结合在一起，“亲身经历”生活。笔者以下题为例，详细描述如何利用信息技术发展聋校学生图形与几何的思维能力。

例题：如下图，大圆中有两个相等的小圆，小圆半径是3厘米，大圆的周长与两个小圆的周长和相比，哪个大？为什么？

针对题目，利用多媒体技术将此题换成了操场上男生和女生进行比赛的场景，男生站在大圆上，女生站在小圆上（这里需要强调男女生速度是相同的），那么现在问题便变成了：男生、女生谁走的路程多？谁先到达？

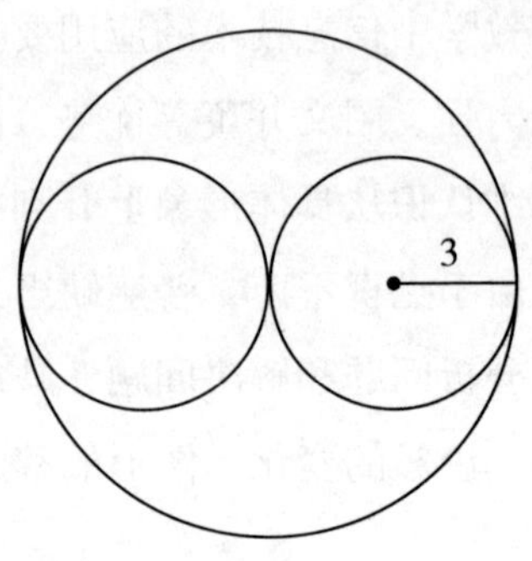

（1）引导学生读题，观察图形。

（2）学生独立思考作答，教师巡视指导。

（3）学生集体汇报讲解。

生：圆的周长公式是2πr，小圆的半径是3厘米，所以女生走的路程和为2×3.14×3×2=37.68厘米，由图可知，大圆的直径是小圆半径的4倍，所以男生走的路程为3.14×4×3=37.68厘米。

师：如果没有经过计算，你觉得他们谁会先到呢？实际上呢？

生：一起到达。

师：可见有的事情只是通过眼睛看并不准确，还是得通过数据说话。

（4）拓展教学。

师：如果这里的两个小圆变成三个小圆，且半径不相等，大圆的周长与小圆的周长和之间的关系又是怎样的呢？

图中的大圆圆心和三个小圆圆心在同一直线上，猜想大圆的周长和三个小圆的周长之和哪个长些。

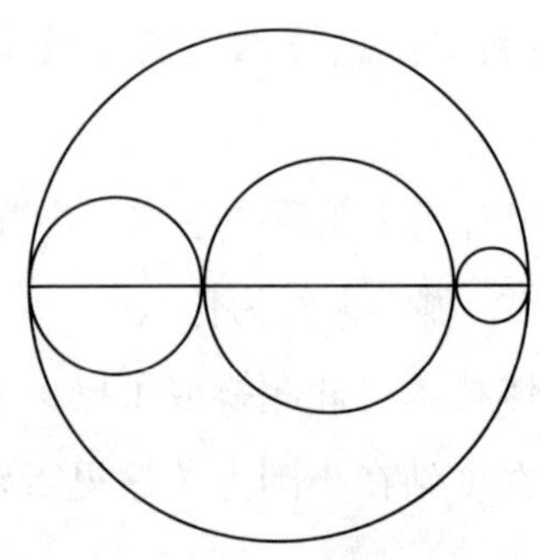

① 若三个小圆的直径分别是2，3，1，你能判断吗？

生分小组探讨后汇报：大圆直径：2+3+1=6，大圆周长：3.14×（2 + 3 + 1）= 18.81，三个小圆周长之和：3.14 × 2 + 3.14 × 3 + 3.14 × 1 = 18.81。

② 若三个小圆的直径分别是a、b、c，你能判断吗？

生分小组探讨后汇报：大圆直径：$a + b + c$，大圆周长：3.14×（$a + b + c$），三个小圆周长之和：$3.14 \times a + 3.14 \times b + 3.14 \times c = 3.14 \times (a + b + c)$。

师：你发现了什么？

生：大圆的周长与三个小圆的周长和相等。

（5）小结。

师：结论：若大圆的直径=三个小圆的直径和，则大圆的周长=三个小圆的周长和。推广：若大圆的直径=几个小圆的直径和，则大圆的周长=几个小圆的周长和。

（6）反思：一个人要从A地到B地（如下图），有两条路可走，按哪一号箭头所走的路线近一些？为什么？

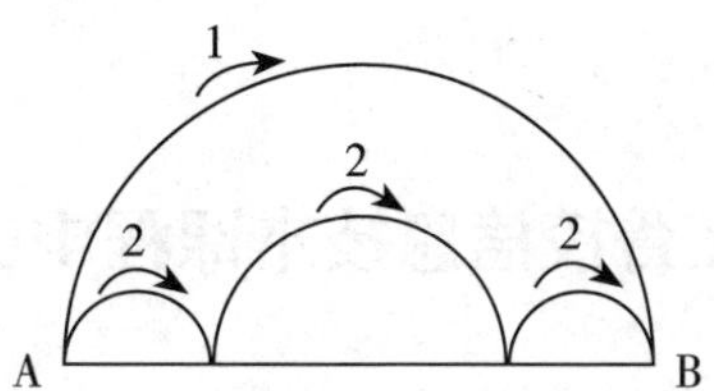

在教学过程中考虑到学生在数学学习过程中的思维习惯，通过多媒体技术来给学生们呈现出在操场上两位同学比赛的场景，信息技术的运用完全考虑到了听障学生的思维特点，从而将复杂的知识简单化，也顺利地开展了教学。

三、结束语

当下，信息技术的应用已在大部分聋校普及，“图形与几何”领域的教学一改以往单调、枯燥、乏味的窘况，聋生不再死记硬背、生搬硬套公式，课堂教学活动变得丰富多彩且具有趣味性，学生的学习效率也大大提升。在此，笔者提倡聋校的数学教师要科学、合理地用好现代信息技术，让现代信息技术为聋校师生服务，使课堂教学效果事半功倍，让听障学生的数学课堂更加丰富多彩。

参考文献

［1］陈庆洪. 浅谈聋校数学“图形与几何”教学策略——以《长方形的认识》和《圆的面积》为例［J］. 教育教学论坛，2019（31）.

［2］吴文英. 对聋校实施素质教育的思考. 萃英集——青海省教育委员会、青海省教育学会优秀教育论文集［C］. 2000.

［3］朱颖. 如何让聋校数学课堂充满生命活力. 中国当代教育理论文献——第四届中国教育家大会成果汇编（下）［C］. 2007.

［4］杨永丽. 浅谈信息技术对聋生思维发展的作用［J］. 新课程研究（下旬刊），2011（9）.

（本文发表在《中国教工》2020年第7期）

教育游戏在聋校信息技术课程中的应用策略

梅州市特殊教育学校　白慎冰

一、引言

教师是教育教学活动的设计者、组织者与引导者，在组织课堂教学活动时需要考虑到自己所教学生的具体情况，将学生的基本情况与学习能力作为教学活动设计的出发点和落脚点，以学生为中心组织教学。聋校学生是一批相对特别的学生，由于听力的缺陷，他们在学习时可能受到一定的阻碍，因此教师要充分考虑聋校学生的生理特点，把教育游戏引入信息技术课程中，有效转变传统信息技术课程呆板、枯燥的局面，将所学的知识以音乐视频或图像的方式呈现给学生，让他们在图文并茂的环境中，掌握理论知识，提升基本技能，感受信息技术学习的乐趣。

二、在聋校信息技术课程中引入教育游戏的积极意义

（一）帮助聋校学生建立信息技术学习的兴趣

持久的兴趣是学生探究学习的强大动力，在开展信息技术学习的过程中，更多的是人机之间的互动。传统的信息技术课堂，基本就是教师一边教授，学生一边操作，这种灌输式的教学方法相对枯燥，学生很难保持长时间的兴趣。将教育游戏引入课堂教学活动中，可以轻松点燃学生的学习兴趣，让他们在游戏中学习，感受到这种学习是快乐的，并且愿意积极主动地投入其中，对信息技术学习始终保持强烈的探究兴趣与学习欲望，最终能够帮助他们获得更好的学习效果。

（二）有效促进聋校学生多种思维的拓展

听说读写在我们的学习与生活中发挥着重要的作用，但是聋校学生受到先天生理缺陷的限制，听力受损，在学习活动中无法实现多项感官的协调配合，这不仅让他们的学习难度增大，也限制了他们抽象思维的发展。将教育游戏完美地融入信息技术教学活动中，能够为他们模拟建立一个真实的情境，调动除听力以外的多项感官，最大限度地降低听力损伤对他们学习带来的消极影响。在图文并茂的学习过程中，帮助他们实现从具体形象思维到抽象思维的过渡。这不仅对他们的信息技术学习有着积极的促进作用，同时对他们各科的学习都有着积极影响。

（三）在游戏中促进聋校学生的合作交流

通过对聋校学生的观察可以发现，可能是由于受到先天生理条件缺陷的影响，他们在生活中往往缺乏自信心，很少主动与他人沟通交流，久而久之，他们会变得更加孤僻。在信息技术教学过程中引入游戏教育，为学生搭建交流互动的平台，让他们有机会与他人进行更多的合作交流，逐渐帮助学生重拾信心，促进身心和谐健康发展。

三、教育游戏在聋校信息技术课程中应用的具体方法

（一）根据教学需要合理选择游戏

教育游戏虽然在信息技术教学中获得了良好的教学成果，但是教师必须意识到，游戏是服务于我们教学活动的，仅仅是教学活动的一个小的组成部

分，而非教学活动的全部，因此在具体组织信息技术教学时，需要根据所学的内容进行合理的选择，让游戏服务于所学知识，切忌本末倒置，只顾游戏而忽视了理论知识学习与实际技能的操作练习。比如，在聋校学生初步接触信息技术学习时，就可以将扫雷、推箱子以及金山打字通等游戏融入其中，这几个游戏能够很好地锻炼学生进行键盘字母的识记以及鼠标的操作能力，这是信息技术学习的基础，能让学生在刚刚开始学习这一方面知识时，就借助游戏点燃他们对于信息技术的兴趣。随着难度的升级，教师要紧紧跟随每一节课的教学目标和教学计划来挑选与之匹配的教育游戏，切勿盲目选择。

（二）结合生动形象的手语提示学生，促进对陈述性知识的理解

选择教育游戏时，需要充分考虑聋校学生的基本特点，他们在生活中更多的是通过手语进行沟通交流并理解所要传达的信息，因此在进行信息技术的教育游戏选择时，也应当保证游戏中有必要且适当的手语提示。信息技术课程中有很多陈述性知识是固定、不可随意改变的，如某些专业术语“剪切板”“搜索引擎”等，学生在理解和掌握时可能存在一定的困难，那么教师在借助教育游戏引入这一部分内容的同时，便可以将手语提示图或提示视频添入其中，这种方法可以使聋校学生更好更快地理解与掌握信息技术课程中某些固定的理论知识。

（三）游戏模拟生活真实情境，促进学习迁移

教育游戏的最终目的是通过轻松愉快的游戏将所学的知识应用于现实生活中，因此在选择教育游戏时，需要重视游戏与现实生活的真实关联性，在游戏中进行现实生活情境的模拟，将生活中可能会遇到的各种问题在游戏中呈现，让学生认真思考、动脑解决。这种方法可以让聋校学生充分利用和调动自己已有的生活经验，实践证明，聋校学生在掌握了一定的理论知识之后，带着抽象理论到具有生活情境的游戏中，能够使获得的知识得到充分的巩固与提升，得到良好的学习迁移的效果，这种教育方法和理念与素质教育背景下的新课程改革要求相契合，可以有效帮助聋校学生掌握知识，将所学知识服务于生活。

四、结束语

教师是教育教学活动的组织者与引导者，进行教学活动设计时应当充分考虑本校学生的基本特点，在聋校组织信息技术教学活动时，要考虑到他们先天生理条件的缺失，将教育游戏引入其中，激发兴趣，发展能力，弥补缺失，在有限的条件内给予他们最好的教育，帮助聋校学生成长为身心和谐发展的人，成为最好的自己。

参考文献

[1] 廖文琪，徐鲁强. 游戏化学习机制在小学数学微课中的应用研究[J]. 中国教育信息化，2019（22）.

[2] 赵永乐，何莹. 电子游戏与教育游戏研究的困局和反思[J]. 开放教育研究，2016（4）.

[3] 尚俊杰，裴蕾丝. 重塑学习方式：游戏的核心教育价值及应用前景[J]. 中国电化教育，2019（5）.

（本文于2019年11月发表在《年青人》）

信息技术环境下聋生在线学习的模式分析

梅州市特殊教育学校　白慎冰

由于聋生在读写等方面技能缺乏，使得其在阅读文章过程中理解能力相对较差，而传统教学模式通常是依靠教师的手势、表情等完成对教学内容的讲解，教学效果不甚理想。在信息技术环境下，在线学习充分利用信息化教学资源优势，利用多样化的先进学习工具，实现聋生学习中的无障碍沟通，有效促进了聋生的自主学习、合作与探究。

一、借助信息化技术转变教学方式，丰富聋生学习方式

聋生在学习过程中，由于存在听力障碍，主要依靠教师的肢体语言及

神态动作的辅助性讲解进行学习，学习方式单一，学习内容枯燥，学习难度大，学习效果不理想。在信息技术环境下，信息技术对教学方式进行了有效、生动、丰富的转变，使聋生在在线学习过程中，能够更加便捷、高效地理解教学内容，然后通过线上测试，激发聋生的学习兴趣，及时检查知识掌握情况。多样的在线教学方式，能有效提高聋生的线上学习效率，进而有效提升学生对知识的理解掌握和运用能力。

例如，在信息技术环境下，对于聋生在线学习的过程，可以借助信息技术，利用Model等网络平台，根据教学内容进行自主设计。比如为教学内容匹配上相应的字幕或手语翻译，或者以视频形式进行展现，便于聋生开展自主学习。同时，在视频中可以设置一些简短的问题，对聋生进行测试，通过与视频的互动交流，帮助聋生更好地了解自身的知识水平。结合聋生的实际学习情况，帮助其自主选择与其学习发展水平相适应的学习内容，从而更好地促进聋生的学习和发展。另外，可以利用信息技术中的Schoology，Edmodo等学习管理系统，搭建合作学习空间，使教师与聋生之间开展有效的学习交流。在该空间内可以自主生成与教学内容相对应的手语教学视频，也可以利用化身技术，将教学内容的文本直接同步转化为动画视频的形式，丰富在线学习方式，有效激发聋生的学习兴趣，促进聋生对知识的理解。基于该学习管理平台，可以对教学内容进行转录、化身以及录制视频等。聋生可以结合自身的兴趣爱好、学习特点，自主选择学习的方式。在转录的学习方式下，聋生可以根据学习内容随时做笔记、书写等，同时可以将学习内容自动翻译为手语，帮助其深刻理解学习内容。基于化身学习方式，聋生可以同步看到手语和教学文本，便于开展对照式学习，提高学习效率。在观看教学视频的学习方式下，聋生通过对视频手语的观看，更容易理解并接受知识。

二、借助信息化技术丰富表达形式，提升聋生认知能力

聋生由于存在听力障碍，因此在感知能力与认知发展方面存在一定的滞后性，对其思维活动发展产生一定的阻碍性。在信息技术环境下，在线教学能够有效提供多样化的认知工具，将抽象化的内容有效转化为可视化的视频，使其以更加直观、形象的方式进行呈现，有利于提升聋生对教学内容的认知，帮助其有效发展直观、形象的思维能力，促使其学习效率不断提高。

例如，基于信息技术环境，针对聋生的在线教学，教师可以将手语故事作为教学内容的主要载体，借助信息化技术，引导聋生利用平板电脑、手机等多媒体移动工具，随时随地观看相应的手语故事，方便聋生充分利用碎片化时间进行高效学习。另外，针对聋生在线学习，可以借助信息技术开发具有中文、手语等双语教学式的电子书，帮助聋生开展自主性学习阅读，同时可以利用多媒体软件，播放相应的手语视频，或者以概念图、图片等多种形式有效展现教学内容。统一的教学内容以不同的形式加以呈现，在丰富听障学生学习形式多样化的同时，也能够提升聋生的学习认知体验。除此之外，教师可以利用3D动画交互性信息技术软件，将聋生需要学习的内容进行手语化身的转化，形成能够与聋生学习互动的界面，帮助聋生更好地理解学习内容，同时引导聋生循序渐进、由浅入深，逐步掌握全部知识。

三、借助信息化技术构建在线互动教学模式，增强聋生知识理解能力

先天性的听力缺陷，通常会导致聋生认知能力较差，感知能力与语言能力也存在一定的滞后性，同时，由于聋生缺乏正常的社交，其理解能力往往存在一定的偏差。因此，教师在信息技术环境下开展聋生在线学习时应当不断创新教学模式，充分利用信息技术实现在线互动，使聋生更好地融入学习活动中，提升自己的学习认知体验，促进其理解能力的进一步提升，优化学习效果。

例如，教师在利用信息设备进行在线教学时应当首先制订完善的教学计划，即本堂课需要讲解什么内容、要求学生掌握什么、如何提高学生学习效率等，然后将每个任务的指标以及落实方式详细地写在计划中。其次，当计划制订完成后，教师就可以按照计划安排线上授课，并及时与聋生进行互动。如教师可以利用手语提出“通过本节课的学习，你掌握了什么知识”“你可以根据教师课堂的讲解画出知识体系图吗”“你可以陈述一下本节课的学习重点吗”等问题，并留出足够的时间来让学生进行思考。而当学生完成思考后，教师就要让学生进行回答，并要求学生运用互联网设备展示自己制作的知识体系图。如果学生所制作的知识体系图或者所回答的答案较为准确，那么教师就可以对学生进行鼓励；而当学生的体系图或者问题答案

缺乏严谨性时，教师就应当对学生进行指导，让其认识到自己在学习中所存在的知识漏洞。这种先制订教学计划而后落实线上互动的教学模式，既可以激发聋生的学习兴趣，又可以保证聋生对知识的理解。

此外，教师在信息技术环境下进行线上教学时也可以将教学内容、移动电子设备、信息技术等进行充分融合，以游戏的形式开展在线学习教学，增强聋生的学习动力，使在线学习更加便捷、高效、生动、有趣。比如，教师可以将抽象的数学知识转换成图片等形式加以呈现，使聋生在移动设备上进行有效的选择，或者以绘画等方式呈现自身思考内容，当聋生展现自身思考内容后，教师也需要及时用手语对聋生提出问题，如“你为什么会产生这样的认识”“你能够陈述一下自己的观点吗”，这样就可以帮助聋生更好地掌握数学知识，也能够促进聋生创新思维的发展，激起聋生对数学内容的学习兴趣。

四、结束语

在信息技术环境下，在线学习作为一种高效、创新的教学模式，能够有效破除时间、空间等限制，充分整合丰富的教学资源，共同服务于聋生的成长与学习。借助信息化技术，有效地完成教学内容由文本向视频、图文等形式的转化，以转录、化身以及视频等方式有效丰富教学内容的表达手段，构建良好、逼真的学习环境，使教学更加生动、有趣，促进聋生认知能力、理解能力、表达能力的不断提升，更好地促进聋生教育的创新发展。

参考文献

［1］刘凯，王进霞. 信息技术环境下个性化教学模式分析［J］. 课程教育研究：学法教法研究，2018（5）：74–75.

［2］许欣. 信息技术环境支持下的学生自带设备学习［J］. 教育现代化，2018，5（6）：187–189.

［3］徐涵，沈良忠. 在线课程的学生学习行为分析研究［J］. 电脑知识与技术，2018，14（6）：129–131.

（本文于2020年2月在《中国教师》发表）

交互式电子白板在聋校数学课堂教学中的作用

梅州市特殊教育学校　李俊庭

随着教学改革向纵深发展，现代信息技术进入课堂教学已成为一种趋势，并且表现出独特的优越性。交互式电子白板作为一种新兴的，用于教学、会议、培训演示的高端数字化设备，具有清晰的可视化界面、便捷的操控方法和灵活的交互功能，一经推出就受到师生的青睐。特别是对于聋校数学课堂教学来说，使用交互式电子白板具有更加明显的优势，它有效地优化了教学过程，增强了教学效果，帮助听障学生跨越了听的障碍，改善了学生的学习环境，激发了学生积极主动的学习热情，给聋校数学课堂教学增添了生机和活力。笔者近几年来使用交互式电子白板时发现，它能起到如下几个方面的作用。

一、创设教学情境，激发学习兴趣

对听障学生而言，兴趣是最好的老师。只有给学生一个具有真实感的教学情境，为学生创设一个和谐愉悦、轻松活泼的学习环境，才能让听障学生始终沉浸在情感和思维畅通交流的氛围之中，情绪高涨地投入学习中去。

在教学七年级“轴对称图形”一课时，笔者创设情境，让听障学生初步感受美、赏析美。上课伊始，白板上显示：美丽的郊外，五颜六色的风筝迎风招展；花丛中，一只只蝴蝶翩翩起舞；天空中，偶尔划过一架银白色的飞机，留下一条美丽的弧线……这时，适时插入：同学们，这些图形为什么如此美呢？原因就在于它们的美有着共同之处——轴对称，从而自然而然地引出这节课的教学目标：什么是轴对称图形。接着利用电子白板的手写文本识别功能板书课题，方便有效地创设情境，导入新课，激发听障学生的兴趣。

在这里我们可以看到，交互式电子白板以其独有的功能，使学习内容图文声并茂，动感逼真、形象直观地被展现出来，赋予听障学生一个曼妙的学习情境，这样不仅有利于激发听障学生的学习兴趣，有效吸引听障学生的注意力，而且能够克服传统的黑板教学课堂气氛沉闷、听障学生听课效率不高的弊病，调动学生的多种感官接收信息，为师生带来全新的轻松教学模式，使数学课堂魅力无穷。

二、突出教学重点，破解学习难题

任何思维过程都受一定的情境制约和激发。由于听障学生听力丧失，受思维缺陷的制约，其综合能力发展缓慢，存在着知识与生活相脱节的现象，很难将知识与生活中的现实联系起来。同时，数学主要包括“数”与“形”两个方面的知识，本身比较抽象和枯燥。由于听障学生思维的具体形象性和概念的抽象性之间的矛盾，往往不容易掌握数学知识，特别是对于一些容易混淆的概念更难以辨析清楚。这是听障学生在学习数学知识时碰到的最大难题，需要教师在数学教学中尽量用图片、实物等将动与静结合起来，通过生动有趣的画面使静态的知识动态化、抽象的概念形象化，带领听障学生进入“观察具体事实—变抽象为数学事实—使数学问题逻辑化”的思维过程，帮助他们借助直观、形象去获取抽象的数学知识。

三、优化教学结构，提高学习质量

在传统的聋校数学教学模式下，知识的传授、学生素质的培养主要以教师讲解、学生练习和巩固为主，课堂教学结构也主要是“教师讲，学生听；教师演示，学生观看；教师提问，学生回答”的单一形式，理性知识太多，感性材料太少，听障学生被动地接受知识，不能充分发挥认识的主体性作用。交互式电子白板作为一种新的教育技术，给聋校数学课堂教学带来了一场变革。它更加强调学生的参与性和师生、生生的互动，其人机交互功能真正实现了以学生为主体，激发了学生的求知欲，提高了学生自主学习的质量、动力和自信心。

比如，在教学“长方形的周长与面积”一课时，由于该课主要是在熟悉、了解图形周长和面积的概念及计算的基础上，探究长方形周长与面积的关系，因此在开始引入创设情境教学中，笔者在白板上展示了很多图片，如社区花坛、家居的平面图、家中墙上挂着的壁画等，并让学生用交互式电子白板的绘画功能，圈一圈、涂一涂，然后选中圈出的涂色对象移动。此时，白板上所呈现的知识内容非常形象，这便使学生很快在头脑中建立并形成了周长与面积概念的表象，为接下来探究长方形的周长与面积的关系扫清了障碍。在探究了长方形周长与面积的关系之后，利用交互式电子白板的即时标注功能点一点、写一写，帮助学生对知识点进行回顾和记忆，使学生及时地纠错并做出正确的判断。

四、拓展教学平台，补偿学习缺陷

快捷、方便的电子白板是听障学生取得信息的资源库，为听障学生提供了广阔的思维空间。教学中，利用电子白板所提供的资源图库和模板，可以随时调出教师想收集的图片和信息，是教师拓展教学渠道的有效平台。在教学“面积和面积单位”时，笔者让学生从电子白板的图库里自主选择最适合测量面积的图形，通过动手操作，在图形上摆出正方形纸片、圆形纸片，也可以摆长方形纸片，结果发现摆正方形纸片是最适合测量面积的方法，这便使得知识的获取更加便捷。

听障儿童心理学研究表明：听障学生思维能力上的缺陷主要是没有掌握思维的重要工具——语言而造成的，反过来，这种思维特点又影响到对语言的理解和应用。电子白板帮助听障学生提高理解语言和运用语言的能力，发展抽象逻辑思维能力，而且能够巧妙地把听障学生的认知活动和情感活动结合起来，用情感伴随理性，解决重认知轻情感带来的逻辑思维与形象思维不能协调发展的问题，有效提高了听障学生的思维品质，实现了智力因素和非智力因素的有机结合，促进了听障学生数学能力的整体提高和智力的发展。

参考文献

［1］兰继军，李国庆，高磊. 聋校教学中存在的问题分析［J］. 中国特殊教育，2004（12）.

［2］张宁生. 听觉障碍儿童的心理与教育［M］. 北京：华夏出版社，1995.

［本文发表在《学校教育研究》2018年第5期（下）］

浅谈聋校中年级应用题的教学

梅州市特殊教育学校　李俊庭

聋校应用题教学是使聋生初步学会运用所学的教学知识和方法解决一些简单的实际问题，并使聋生受到思想品德教育的重要内容。在应用题教学中要充分注意聋生的生理特点和思维特点。下面就聋校中年级学生特点谈谈怎么进行这一阶段的应用题教学。

一、通过日常生活用语和数学语言的互相转换，使学生理解熟悉概念，发展抽象思维

应用题的内容一般都贴近实际生活，但是其中的数学用语同日常生活往往有差别。对于应用题中出现的新的数学语言，必须使学生弄清它的确切含义，能用日常用语或已有的数学语言表述新的数学语言，并在此基础上学会准确地使用。对双耳失聪、缺乏生活经验的聋生来说，通过日常用语和数学语言的互相转化来理解数学概念非常重要。在中年级要多使用教具、学具、插图（或挂图）、幻灯、多媒体教学、创设情境等直观手段。例如，教学乘法的初步认识后，在乘法应用题中，哪个数量是“相同加数”，学生不容易真正理解和掌握。“相同加数”这个数量在应用题的条件中常以“每……有（是）……个”的语言出现，为了使学生理解好“每份有（是）几”的概念，可以进行如下操作，再用语言表述。

摆几个笔盒，里面各放5支铅笔，让学生逐个数一数盒里有多少支铅笔，每盒是不是都一样多后，说：每盒有5支铅笔。

拿几支相同的铅笔，让学生表演买铅笔，每给2角钱就买到1支铅笔，说：每支铅笔2角钱。

通过这些操作，对表示“相同加数”的语言“每份有（是）几”的说

法，学生就有了具体的理解，这样可为他们正确理解铺平道路，再教学乘法应用题也就更容易。

二、认识概括数量关系要从感性到理性，从具体到抽象

应用题都有一定的数量关系，而数量关系都带有一定的抽象性。为使学生对数量关系能真正理解和掌握，必须注意聋生的思维特点，其思维是以具体形象的思维为主。因此，在教学中要选择接近他们实际生活的情境，如看图数一数、摆一摆，找小朋友表演一下，或者老师为他们描述情境等，让学生在头脑中形成表象，从而进行操作，使应用题的内容成为他们可感知的，逐渐过渡到一些带有共同特征的东西，在老师的引导和帮助下，让他们自己概括出一些数量关系来解答更多的题目。只有从感性到理性，从具体到抽象，使学生认识和概括出数量关系，才能避免模式化的偏向，防止思维的僵化，进而才能提高学生学习应用题的兴趣和积极性。

三、多种形式的应用题基本训练，培养解答应用题的能力及逻辑思维能力

数学是思维的体操，通过多种形式的应用题的基本训练，不仅能充实学生的应用题知识，提高学生学习应用题的兴趣和解答应用题的能力，学会分析的方法，还能使他们的思维更加灵活。下面列举出一些实际的应用题基本训练的形式。

1. 解答应用题

在应用题的基本训练中，解答应用题是最基本的，也是最大量的训练，在应用题教学中培养学生的学习习惯，提高学生的思维能力及解决学生的学习习惯，主要可通过解答应用题来实现。例如："饲养小组养黑兔8只，养的白兔比黑兔多3只，养白兔多少只？"这是一道涉及谁比谁多几的概念的理解型应用题，在解答时要引导学生弄清白兔比黑兔多3只就是白兔有与黑兔同样多的8只外还多3只，即白兔只数是8只和3只两个部分，用8+3算出白兔有11只。这样引导学生理解题目，不仅能加深其对概念的认识，而且学会了转换的方法，培养了思维的灵活性。

总之，在理解与解答应用题的训练中，一定要重视思维过程，而不能只

是满足于列式计算。

2. 选择和问题的搭配

车上有12人，A站上来10人　　还有多少只鸟？

小明有铅笔16支，圆珠笔7支　　黑兔有多少只？

树上有18只鸟，飞走了5只　　一共有多少支笔？

饲养园中有黑兔和白兔20只，其中有12只白兔　　车上还有多少人？

在上面的条件和问题正确搭配的训练中，能培养学生正确辨别什么条件和什么问题可以搭配成应用题的能力。在初步认识数量关系的训练中，可以让有些条件和问题不能搭配，或者题中设置多余条件，这样更有助于提高学生的辨别能力。

3. 补充条件问题

给出一个条件和问题要求补充另一个条件（或给出问题，要求补充两个条件），使其成为完整的应用题。这一训练可以使学生加深对应用题数量关系的认识。如上文，在学生把问题和条件搭配正确后，发现条件“车上有12人，A站上来10人”没有与之相搭配的问题，这时老师就可以引导学生自己来给它提出问题，如“车上共有多少人”或者根据问题“车上还有多少人”把条件“车上有12人，A站上来10人”进行补充使之搭配。

4. 变换叙述的顺序和方式

“妈妈今年36岁，小明今年10岁，再过10年妈妈比小明大几岁？”（问题“妈妈比小明大多少岁”的变换）按照问题，可用妈妈过10年的岁数减小明过10年的岁数，也可按照被减数和减数都增加同一个数，差不变得出规律，用妈妈今年的岁数减去小明今年的岁数，就是问题所求。这样一变换，解题过程大大简化，同时培养了学生思维的灵活性，并且初步学习了转换法。

总之，在聋校中年级的应用题教学中，教师应根据聋生的个性特点取长补短，把应用题的内容通过各种方法贴近他们的实际生活，具体概括数量关系，重视数学语言的教学，开展形式多样的应用题基本训练，发展学生的抽象能力和逻辑思维能力，培养学生的兴趣和好的学习习惯，为他们以后学习更复杂的应用题铺平道路。

［本文发表在《学校教育研究》2018年第8期（下）］

运用信息技术，优化聋校数学课堂教学

梅州市特殊教育学校 李文清

随着信息技术的快速发展，其在各个领域得到广泛运用。在课堂上运用信息技术，能使教学更加生动有趣，更加吸引学生的目光。在聋校数学课堂上运用信息技术，能优化课堂教学，帮助学生更快地理解、学习知识。

一、运用信息技术，帮助学生复习旧知识

听障学生由于听力缺陷，接受知识主要靠视觉，以致对所学知识记忆不牢固，很快就会遗忘。由此，可运用信息技术，帮助学生复习旧知识，加深对知识的理解。如复习圆柱的表面积时，可以运用信息技术，还原圆柱的表面积：把圆柱的侧面展开，得到一个长方形。这个长方形的长等于圆柱底面的周长，宽等于圆柱的高。圆柱的侧面积等于底面的周长乘以高。圆柱的侧面积加上两个底面的面积就是圆柱的表面积。又如复习圆锥的体积时，可以运用信息技术，还原实验过程：出示等底等高的圆锥和圆柱，在空圆锥里装满沙土，然后倒入空圆柱里，倒三次正好装满。推导出圆锥的体积等于和它等底等高的圆柱体积的1/3。

二、运用信息技术，帮助学生理解学习内容

数学是研究数量、结构、变化以及空间模型等概念的一门学科。听障学生由于听力缺陷，以直观形象思维为主，抽象思维能力的发展比较迟缓，对数学中的许多概念和空间想象等方面的知识学习起来比较吃力，运用信息技术就可以帮助学生加深对这些知识的理解。

（一）运用信息技术，帮助学生学习数数、认数

俗话说得好：万丈高楼平地起。认数、数数是一年级数学教学的主要

任务，学好了这方面的内容，对后面学习数学课程的各方面知识都会很有帮助。教学认数、数数时运用信息技术来辅助，会使知识更加直观、生动。如教学数数、认数时，可以把课本上出现的图片以及生活中常见的实物，如苹果、雪梨、桃子等水果，桌子、椅子、牙刷、杯子等生活用品的图片制作成课件，以大量的实物图片丰富学生的感官。运用信息技术还可以随意改变图案、随意改变数量，对听障学生学习认数、数数非常形象、直观，还能让学生感受到数学与生活息息相关，让学生更快、更有趣、更深刻地认识数量并产生学习数学的浓厚兴趣。

（二）运用信息技术，帮助学生理解概念

正确理解并灵活运用数学概念，是掌握数学基础知识和运算技能、发展逻辑论证和空间想象能力的前提，理解和掌握了概念能使学生更加顺利地学习后面的知识。如圆的周长和面积，因周长和面积是不同的概念，两者的求取公式也是不同的。学生只有理解了圆的周长和面积的意思，才能正确运用周长和面积公式进行计算与解答问题。在教学过程中，笔者发现听障学生经常会将其混淆。在教学“圆的周长和面积”时，可以运用信息技术制作多媒体课件，用生动形象的动画演示圆的周长和面积，通过演示对比加深学生对圆的周长和面积的理解：围成圆的曲线的长叫作圆的周长，常用字母C表示；圆所围平面的大小叫圆的面积，常用字母S表示。

（三）运用信息技术，帮助学生学习应用题

应用题教学是聋校数学教学的重要内容之一，也是聋校数学教学的难点之一。解答应用题有利于学生把所学数学知识运用于实际，学以致用，更能让学生提高学习数学这门课程的兴趣。通过对应用题中数量关系的分析理解，还有助于学生逻辑思维能力的发展。听障学生由于听力残疾，对文字的理解很吃力，应用题对聋生而言犹如“天书”，“晦涩难懂”都不足以形容聋生对文字应用题的感受。运用信息技术，可以降低学生的学习难度，帮助学生学习应用题。如：“一堆煤，原计划每天烧3吨，可以烧96天。由于改建炉灶，每天节约用煤0.6吨。改建炉灶后这堆煤可以烧多少天？”对于题目中的“一堆煤”“原计划”“改建炉灶”“节约”这些词语，听障学生是不理解的。引导学生理解题目的时候，可在网络上查找“一堆煤”“新旧炉灶”的图片，老师结合图片讲解“原计划”“节约”的意思。让学生理解题意：

由于改建了炉灶，才节约了用煤。在这道题目里，“一堆煤”的总量没有改变，由于改建炉灶使原计划与实际用煤发生了变化，即每天烧煤的吨数和烧煤的天数产生了变化。根据这三种量之间的比例关系，即总量一定，每天烧煤的吨数和烧煤的天数成反比例关系就可计算出来。

（四）运用信息技术，帮助学生学习几何知识

几何知识是数学课程的内容之一。学好这部分内容，有利于进一步发展学生的空间观念，为进一步学习和解决实际问题打下基础。教学中可运用信息技术，由具体到抽象，帮助学生学习几何知识。如教学圆柱的知识时，运用信息技术，从直观入手，通过观察实物茶叶罐以及常见的罐头盒、圆木等生活中的圆柱形实物图片，使学生认识圆柱的形状，并从实物中抽象出圆柱的几何图形。又如在推导圆的面积公式时，先实物操作：在硬纸板上画一个圆，把圆分成8等份剪开，拼成一个近似平行四边形；再运用信息技术，把圆分成16等份、32等份，让学生观察对比拼成的图形，使学生明白，分的份数越多，每一份就会越细，拼成的图形就会越接近于长方形。再根据长方形的面积公式推导出圆的面积公式。

三、运用信息技术，创设情境导入新课

运用信息技术，可以创设情境，让学生在某个特定的情境里愉快地学习新知识。《西游记》的故事家喻户晓，猪八戒的“吃货”形象也是人人皆知。如在教学“认识真分数、假分数和带分数”时，可运用信息技术，用动画制作“猪八戒分饼”的情境。通过情境里的“怎么分”引出了课题“分饼”。通过“怎么分”引导学生得出两种分法：一种是把每一张“饼”平均分成4份，师徒4人每人一份，最后每人分得5个$\frac{1}{4}$；另一种是每人先分一张饼，最后一张“饼”平均分成4份，每人分得1加$\frac{1}{4}$张饼，即$1\frac{1}{4}$张饼，由此引出了“带分数”的教学。又如在教学“认识人民币”的知识时，运用信息技术，虚拟商场购物场景，由此引出新课“认识人民币”。

四、运用信息技术，帮助学生拓展知识面

在网络信息化的时代，需充分运用信息技术，拓展学生的知识面。如教学圆的周长和面积的内容后，在网上查找出“圆周率的历史”和历史名人故事“精确计算圆周率的祖冲之”的小视频给学生观看，加深其对圆的认识。又如教学“轴对称”的知识后，在网上查找出生活中如剪纸囍字、脸谱、蝴蝶、衣服、裙子、汽车标志等轴对称图案给学生看，丰富学生的知识面。

在聋校数学课堂上运用信息技术，能够提高教学质量，并激发聋生学习数学的热情，提高学习数学的兴趣和自主性，增加学习数学的自信心，让学生在学习知识的同时，达到提高思维能力的目的。在教学过程中，教师要根据教学内容和学生的实际情况，运用信息技术辅助教学，优化课堂教学。

参考文献

［1］胡桂强. 信息技术辅助教学在小学数学课堂中的合理运用策略探究［J］. 考试周刊，2020（91）：54–55.

［2］李冬莲. 信息技术与小学数学教学的有效整合策略［J］. 教师博览，2020（30）：63–64.

［3］刘柏刚. 信息技术对提升小学数学课堂实效的策略探究［J］. 小学教学研究，2020（24）：43–45.

（本文于2020年11月发表在《中小学教育》）

聋校班主任班级管理的策略

梅州市特殊教育学校　李燕

由于听力的障碍，听障生不能与健听人进行无障碍的沟通，语言、逻

辑思维等方面的发展受到影响，容易出现自卑、逆反、遇事易激动等问题，给聋校班主任的管理工作带来困难。聋校班主任要创建一个具有良好班风和学风的优秀班集体，除了需要强烈的责任心外，还要运用科学的方法进行管理。

一、多了解，多沟通

俄罗斯教育家乌申斯基指出：“如果教育者要从多方面来培养人，那么他首先应该从多方面来了解学生。”聋校班主任在工作中首先要深入了解学生，了解学生的残余听力、导致残疾的原因、身体状况、个性特点、父母关系、家庭环境、兴趣爱好等。了解情况可以通过观察、谈话、电话、微信、家访、行为分析等方法进行。然后，教师根据所掌握的信息，对学生提出不同的要求，注重个别差异，因材施教，实施个别化教育，让学生通过教育都取得一定的进步，把教育落到实处。

表面的学生信息能通过观察等方法得到，但是听障生真实的思想状况则要靠聋校班主任蹲下身来，与学生沟通、平等对话，学生从心底接受和信任了老师，才会打开心扉，跟老师分享他们的喜怒哀乐。通过用心“聆听”，班主任能听到听障生的心声，再及时帮助学生解决实际困难，缓解学生的焦虑，帮助其树立起战胜残疾的信心，使其奋发图强。

二、多鼓励，少批评

身有残疾的孩子因为从小就遭受别人异样的眼光，心思非常敏感，他们特别希望得到别人的尊重、鼓励和认同。但是因为残疾，他们又习惯“以目代耳”，只看到事物的表面现象，加上父母疏于教育引导，往往“好心办坏事”。如果听障生做错事情，班主任没有调查清楚事情的经过，就不分青红皂白地责问、训斥、惩罚，他们可能会“知其然而不知其所以然”，不知道自己错在哪里，把握不准自己行为的尺度和标准，不知道应该怎样做。因此，聋校班主任在工作中应从细节入手，以人为本，遇到事情不急躁，分析事情的两面性，该表扬的趁热打铁，该批评的及时批评，做到公平公正。同时要从关爱的心态出发指出学生的错误，提出具体的整改意见和建议。学生从老师的表情和语言中感受到老师对他们的尊重与鼓励，觉得有安全感，才会有上进的行为。

三、造氛围，给展示

听障生的表演欲望非常强烈，他们希望通过展示自己的能力和才华获得别人的认可。在班级管理工作中，班主任要创造机会，让他们发挥自己的长处，营造“人人有事干，人人都能干”的班级氛围。在办班级黑板报、学习园地时，让爱好画画的学生设计出版；在体育比赛中，让体育苗子参加竞赛；在文艺演出时，让文娱积极分子参加表演……听障生在各项有益的活动过程中积极参与实践，成为班级工作的参与者，体验到成功的喜悦和失败的教训，在学习中取长补短，共同提高，班级氛围融洽，凝聚力得到提高。

四、定班规，行评比

听障生的自控能力、自我管理能力较差。要有效地约束他们的行为，就要制定合乎实际的规章制度。班主任要利用班会课，指导学生认真学习校纪校规，然后以此为依据，根据班级情况制定出符合实际的班规班法，针对班级生活的每个细节订出具体的管理条例，使班级成员“有法可依，依法办事”。为了奖罚分明，鼓励先进，激励后进，可在教室的一角开辟一块公布栏，公布学生每天的表现，如课堂纪律、宿舍纪律、饭堂纪律、两操、值日卫生等。班干部每天登记情况并记分，每周一统计、每月一评比，评比出表现好的同学并给予一定的奖励。通过这样的评比，学生们以《小学生守则》和《小学生日常行为规范》严格要求自己，人人勤学守纪，争做好人好事，养成良好的文明行为习惯。

五、防安全，自保护

对听障学生进行安全教育和防范，是聋校管理工作的一项重要内容，是保证他们残缺的身体不再受到伤害的基础。教师可借助现代教育技术手段，通过讲演、情景模拟、案例分析、观看安全知识的宣传片等方式对学生进行交通、用电、防火、游泳等方面的安全教育。听障生能从直观的学习活动中受到启迪，树立珍惜生命、爱护生命的意识，不玩火、不乱动电设备、不爬栏杆、不乱抛物品、不做危险动作等。天天讲安全、处处讲安全。除了注意加强巡查外，班主任还要注意发动学生互相监督，发现问题及时解决，消除各种安全隐患。

六、搞活动，促爱国

听障生的情感发展较健全人缓慢。为了培养他们的爱国主义情感，班主任可以在第二课堂、思品课、常识课上向学生介绍祖国的概况，带领他们学习中国历史、地理等基础知识，了解中国的过去与现在，受爱国主义、国情等方面的教育。如通过每学期丰富多彩的爱国主义主题班会，如“我为祖国添光彩”“我爱五星红旗”“我们只有一个中国”等，提高听障生的思想意识，弄清什么是爱国，爱国应该怎样做。另外，可以让听障生走出校门，到各地参观、看演出、参观纪念馆、瞻仰烈士墓等。在一系列参观学习活动中，学生们陶冶了情操，开阔了视野，增长了见识，激起奋发进取的动力。

总之，聋校班主任工作复杂而烦琐，会不断出现新问题、新情况、新要求。聋校班主任要用发展的眼光看待每一位听力障碍的学生，耐心细致，把学生培养成“残而有为”的一代新人。

参考文献

[1] 罗红波. 聋校班级管理的现状调查与对策研究［D］. 广州：广州大学，2017.

[2] 魏小媛. 如何进行聋校班级管理［N］. 延安报，2014-11-02（003）.

[3] 徐宁. 聋校班主任工作管理艺术探微［J］. 中国教育技术装备，2011（4）：17-18.

[4] 康秀英. 聋校班主任工作四原则［J］. 甘肃教育，2010（17）：16.

[5] 陆立忠，吴春丽. 聋校班级心理环境建设的评估研究［J］. 中国特育，2006（10）：27-31.

[6] 李宏梅. 知行统——循循善诱——对做好聋校班主任工作的体会［J］.教师之友，1995（12）：33.

［本文发表在《新作文》教研版（国内刊号：CN14-1274/G）2020年第1期］

在聋校数学教学中渗透美学教育

梅州市特殊教育学校　李燕

数学作为基础学科，在聋校教育中占有重要地位，聋校义务教育教学课程标准也明确提出，在聋校数学教学中应“帮助聋生了解人类文明发展中数学的作用，激发学习数学的兴趣，感受数学家治学的严谨，欣赏数学的优美”，我们作为教师更要引导聋生学好数学，感受数学知识的魅力。本文作者立足实际教学经验，对在聋校数学教学中渗透美学教育进行简要分析，内容如下，仅供各位同人参考、交流。

一、观察动静转变，发现数学中的变化之美

在科学技术不断进步的今天，我们身边的事物无时无刻不在变化之中，对于聋生的数学教学，教师也要不断改变教学方法，立足聋生特殊的身体情况，将静态的数学知识转化为动态的形象内容，在动静转变之中，帮助学生们理解抽象的数学概念，引导学生们发现数学中的变化之美。

例如，我们在教学“多边形和圆的初步认识”一课时，教学重点是引导学生们说出一些常见的平面图形，了解多边平面图形的构成，掌握扇形和圆形的关系以及一些数学概念和定义。在对“圆”的相关知识进行讲解时，笔者做了一个Flash动画：一只小狗被拴在一个木桩上，小狗想要逃脱，但是由于绳子的原因，它只能围着木桩转圈，在不断转圈的过程中，一个圆就画好了，通过小狗的动态运动，很容易引出“圆心”“圆弧”“扇形”“半径”等名词的概念，而且直观易懂，学生们非常感兴趣，不仅从中学到了知识，加深了对知识的理解，还能从中发现“圆”的变化之美。

二、感受图案变换，发现数学中的几何之美

美不只体现风景之美、人文之美，还包括图案之美、图形之美，而且通过图案的变换，我们可以从中发现对称之美、立体之美、结构之美等，联系数学几何知识，教师可以引导聋生们感知数学中的几何之美，感受图案与图形带来的丰富的审美感受。

例如，“丰富的图形世界”这一章节的教学，主要教学目标是教导学生们认识几何体，引导学生们认识几何体点、线、面等的数目，进而培养学生们的数学几何意识。在课堂教学中，我们可以让学生们通过观察正方体的结构、整体特征，然后动手剪一剪、做一做，看看能不能将平面图形做成一个正方体立体图形，通过动手实践发现数学中的结构之美。从网络上给学生们找一些能体现几何特征的建筑物图片，比如，中央广播电视台大楼、城墙等，引导学生们学习数学中的立体图形在实际中的运用；还可以带领学生们从不同的角度观察几何的立体结构，看看从不同角度观察的区别，培养学生们的空间概念，提升学生们对于数学的学习兴趣，激发学生们探索数学奥秘的积极性。

三、联系生活实际，发现数学中的生活之美

数学知识是源于生活，最终用于生活的，教师教导学生们学习数学知识的最终目的，就是让学生们能够通过课上所学的数学知识，解决生活中遇到的实际问题，在数学知识的实际运用当中，提升学生的学习成就感，引导聋生发现数学中的生活之美。

例如，在“一元一次方程——打折销售”一课的教学中，可以带领学生们整体把握打折问题中的基本量之间的关系“商品利润=商品售价-商品成本价；商品的利润率=利润 ÷ 成本 × 100%”，建立一元一次方程，探索打折问题中的等量关系，进一步运用方程解决生活中的实际问题。我们可以给学生们举一些生活中的案例，如：“一家商店的裙子按成本价提高50%后标价，在促销活动中以7.5折（按标价的75%）进行销售，结果每件裙子仍然可以获利20元，请问每件裙子的成本价是多少元？如果以标价的7折进行销售，每件裙子的利润是多少元？”引导学生们将裙子的原价设为“x”，进行利润公式一

元一次方程解析。通过引用生活中的实际案例，可以提升学生们参与的积极性，让他们感受到所学知识的实用性，提升学习成就感与信心。

综上所述，数学作为一门科学性和逻辑性都比较强的学科，由于自身缺陷，聋生们学习起来多少都会有一些问题，对此，教师要不断优化教学方法，引导学生们观察数学中的动静转变，感受数学图案的变换，将数学知识与生活实际相联系。在激发学生们数学学习兴趣的同时，帮助学生们感知数学知识的魅力，发现数学中的“美”，并且以美促学，提升学生们的数学能力。

参考文献

［1］隋春玲，高华. 聋人中学数学课堂中多媒体辅助教学有效性的探究［J］. 现代特殊教育，2016（2）：26-29.

［2］葛明丽. 架设“生活—学”之桥　沟通“数学—生命”之路——听障儿童主题式数学资源的挖掘与探索［J］. 现代特殊教育，2012（11）：43-44.

［本文2018年11月发表在《最漫画·学校体音美》（国内刊号：CN42-1823/J）］

多媒体在聋校语文教学中的运用

汕头市聋哑学校　林合惜

由于听力障碍，聋人在学习、工作和生活上有很多难以想象的艰辛，在成长和发展的道路上要比常人付出更多的努力。开展聋校教育的目的就是把听觉障碍学生培养成遵守国家法律和社会公德；具有社会责任感；具有创新精神、实践能力、科学和人文素养以及环境意识；具有适应终身学习的基础知识、基本技能和方法，有理想、有道德、有文化、有纪律的一代新人。但由于听觉方面的缺陷，聋生具有知觉信息加工不完整，视觉的优势地位和缺陷补偿的特殊性等特点，在学习过程中他们最重要、最活跃的器官就是眼睛，眼睛成了他们接受外部知识的重要器官，他们了解外界信息基本是通过视觉来完成的，知识的学习、掌握也同样是通过观察教师讲解的手势、表情来完成。所以在聋校语文教学过程中，如何调动聋生的视觉器官来进行有效的教学，是聋校教师的一项非常重要的教学技能。现代多媒体的出现正好具备了视觉传播优势和对缺陷的补偿。多媒体能够形象生动、趣味横生地直观展现事物，让书本中静的文字动起来，使学生更形象地理解书中内容，从而发挥其想象力，激发他们对学习语文的兴趣，让课堂变得轻松活跃。因此，多媒体给聋校语文教学带来的生机与活力是其他教学手段无法替代的。

一、多媒体在聋校语文教学中的地位和作用

多媒体辅助教学给教育带来了新的革命。掌握现代教育技术，并能正确、合理地将其运用到教学工作中去，是信息时代的要求，也是素质教育的要求。

在调动聋生参与学习的热情，吸引聋生参与到课堂活动方面，合理使用多媒体是一个可行的方法。它利用形象生动的画面、言简意赅的解说、悦耳动听的音乐，为课堂增添了生机与活力。

二、聋校语文教学运用多媒体是必然趋势

（一）对聋生而言

1. 给聋生提供丰富的表象

听觉是人们接收外界信息，认识客观世界的重要途径之一。聋生听觉功能有障碍，他们的感知较健全儿童就少了一条重要的途径，由此造成了他们感知活动的局限性。多媒体打破了传统聋校教学在时间、空间和地域上的限制，能根据需要充分地再现宏观世界、微观世界，提供尽可能多的信息表象，让聋生更加直观地理解抽象事物。例如，聋校语文课文《雨》通过多媒体的辅助教学，让聋生了解了下雨前的天气变化、下雨时的景象和下雨后的景色。还有一些聋生难以理解的句子，如“黄叶纷纷地从树上落下来”“大

雁一会儿排成一个人字，一会儿排成一个一字”，运用动画课件后，他们就能轻松地理解这两句话的意思了。

2. 激发调动聋生的学习兴趣

爱因斯坦说过：“兴趣是最好的老师。”聋生获取外界信息、认识周围事物是通过视觉来进行的，而语文课通常是阅读大量文字，由于长时间依靠视觉，聋生极易失去耐心和兴趣，甚至产生视觉疲劳。况且，对一些抽象的词、句，通过手势语很难表达清楚，有时即使表达出来了，但说出来的意思与含义是有差距的。反之，学生对所学内容产生浓厚的兴趣，就能刺激大脑活动的兴奋性，保证其对学习内容的有效感知。正常孩子是这样，对于听力有障碍的聋孩子来说也是这样的。运用多媒体技术则能够以交互的方式，将图形、图像、文体、动画、视频、声音等多种感性材料展示出来，使往日刻板的教学形式变得丰富多彩，有助于增加学习的趣味性，有效地增加聋生的学习兴趣，调动他们的积极性。例如，《看企鹅》一课导入时问：同学们，今天向大家介绍一位远道而来的新朋友，它长得很可爱，是我们平日不常见的，大家想不想认识它呀？这就引起了聋生的好奇，很想知道这位新朋友到底是谁，激发了他们继续学习的兴趣。

3. 形成学习习惯，培养学生的自主学习能力

以往的聋校教学都是教师以“一本书，一支笔，一双手”的形式教授知识，新课改的颁布实施，就要求课堂教学不能只是一味地由教师向学生传输知识，而应是一种交互式的教学模式，这就显示出多媒体在聋校语文教学中的重大意义。教师可以通过多媒体布置作业，让聋生自己去查找资料，并通过多媒体检查每个学生的学习情况；聋生与聋生之间也可以通过多媒体相互交流，分享信息，取长补短。这就形成了良好的学习习惯，变被动学习为主动学习，真正做到由“要我学”到“我要学”的转换，聋生的积极性、创造性得到充分调动，研究性、探索性的学习习惯得到有效培养。

4. 增强学生的情感体验，培养学生的审美观念

在聋校语文教材中，每一篇文章都贯穿着作者的思想，渗透着作者的观点，倾注着作者的感情。在教学中，利用多媒体这一“中介”，把学生的思绪融入作品，使他们和作者看到一块、想到一块，在感情上与作者产生共鸣。这样就容易让课文中美好的事物、美好的品质打动学生心灵，让学生进入课文的情境中，增强聋生的情感体验。

此外，在阅读教学中，我们不仅要培养学生听、说、读、写能力，更要培养学生高尚的审美情趣、健康的审美观点，引导学生感受美、欣赏美。而多媒体最大的特点就是能创设情境再现美，使学生在潜移默化中受到美的熏陶和感染。

（二）对教师而言

“师者，所以传道受业解惑也。”众所周知，教师承担着向学生传授知识、解答疑难、指导人生的责任，因此在传统教学中，整个教学过程都由教师一手决定，教师是知识的主动传授者，学生是被动接受者，在教学过程中，他们被动地被“灌输”固有知识，往往很难主动参与到教学过程当中，很难结合自己的感受更好地对知识进行消化吸收。德国教育家第斯多惠曾经坦言：“教学艺术的本质不在于传授的本质，而在激励、唤醒和鼓舞。”这就意味着教师在教学过程中首先要能够唤起学生的求知积极性，同时更要激发学生的参与意识，使其参与到教学过程中来，从而使整个教学活动变成师生双方乐于参与的一种充满情趣的活动。要达到这样的教学效果，多媒体教学手段的运用就必不可少。

（三）对教学而言

1. 多媒体课件的运用，能提高聋校课堂教学效率

在聋校语文学科的教学中，同样的内容要比普校花费多得多的教学时间，其根本原因是听力障碍引起的语言障碍，影响了听障学生对语言信息的理解、储存和运用。而多媒体课件的运用能使这种情况得到明显的改观。多媒体课件具有文字、图片、动画、图像等直观媒体信息可同步进行的优点。在同一屏幕上同时显示相关的文本、图像或动画，这是其他教学媒体无法达到的。如果能充分利用这点优势，就能变抽象为具体，变静止为动态。向聋生展示直观的教学情境，通过视觉传播形式能有效地完成教学任务。在课堂教学中，恰当地使用现代教育技术是创设情境的最佳途径。

2. 多媒体课件的运用，能丰富教学资源，提升语文素质

多媒体的运用丰富了聋生语文学习的资源，提高了聋生的语文素质。随着“信息高速公路”的急速发展，聋生与正常学生所享有的信息资源是同等的。网上学习已成为许多学生的愿望和要求，而聋生也接受了计算机运用，所以同样能够进行网上学习，其中也要进行大量的网上阅读，以提高自身阅读能力、丰富学识。在网上查找资料，在图书馆和电子阅览室通过网络讨论问题、解决问题等，既丰富了聋生语文学习的内容，又拓宽了校园信息的传播、交流，还推动了学术和文化活动交流，最终结果是聋生的阅读量变大了，阅读能力提高了，句子能写通顺了，表达的意思别人能明白了。

3. 多媒体课件的运用，能推动聋校的教学改革

直观教学法是聋校常用的教学法，但传统的直观教具不可能尽善尽美地辅助聋生教学。因为图片、实物、动作演示不能很准确地解决“做”和“做什么”的词义区别，所以动宾词组教学是语文教学的难点。因此传统的教法为：先教名词“什么”，再教动宾词组“做什么”，至于动词“做”就让聋生在词语学习积累中去意会，而多媒体课件的运用就给聋语教学注入了新的活力。例如，教学“读书”这个词组时，可先设计一个完整的动作画面，全景呈示一个小学生在读书的场景，以此表明“读书”的词义，然后设计一个近景——一本书，以此表示“书”的词义，最后设计一个特写——截取这个小学生正在读书的口部动作和正在诵读的课本，以表示“读”的词义。这三个画面配以相应的文字和拼音。这样便能帮助聋生准确地区别“读”和“读书”，为耳聋学生学习动宾词组寻找到一条较为科学、有效的途径。

三、多媒体在聋校语文教学中的运用前景

多媒体由于具备了视觉传播优势，能使聋生成为教学中的积极参与者，因而被聋校语文教师大量运用。这是特殊教育随时代而发展的必然产物，它的有效应用大大提升了语文教学的整体效果，在未来的教学实践中将会占据越来越重要的地位，扮演更重要的角色，而更好地制作、应用多媒体课件是每个教师的必做功课，也是大势所趋。

同时我们也应该看到，多媒体技术作为现代科技发展的智慧成果，在应用到语文教学中时，仍然存在着与文字意象所传达的信息、意境不相匹配的弊端。在教学过程中，教师如果不能更好地把握使用多媒体教学手段的尺度，可能反而事与愿违，对教学效果产生负面影响。

综上所述，多媒体作为现代化教学媒体，具有直观性、形象性和可重复性，能对聋生生理缺陷进行有效的补偿。它与传统教学方式的配合将会取得

相得益彰的“双赢”效果，整体教学效果也将在潜移默化中得到提升。同时我们也应该理性地看到多媒体运用中所存在的弊端，遵循“适用、适量、适当”的原则，根据课堂需要应用它，以达到提高教学效率的目的。

参考文献

［1］刘春玲，江琴娣. 特殊教育概论（第二版）［M］. 上海：华东师范大学出版社，2016.

［2］申仁洪. 建构新型教学模式：计算机特殊教育应用的必由之路［J］. 中国特殊教育，2002（2）.

［3］季佩玉，黄绍明. 聋校语文教学法［M］. 上海：华东师范大学出版社，2006.

［4］孟文. 聋童教育学［M］. 北京：人民教育出版社，2004.

［5］怀静蓉. 浅谈多媒体在聋校小学语文中的运用优势［J］. 南京特教学院学报，2006（3）.

浅谈手语在聋校中年级数学教学中的运用

汕头市聋哑学校　林合惜

据《瞭望》新闻周刊报道：三十年来，全国为盲、聋、智残少年儿童创办的特殊教育学校已发展到1667所，义务教育阶段普通学校附设特教班的有2803个，在校盲、聋、智残学生达到58万人，入学率平均达到80%。而被普通高等院校录取，接受专科、本科教育的残疾人已经约有3万人，特别是近几年来，每年都有4000人通过考试被国内高校录取。由此可见，国家对残疾人教育越来越重视，全国残疾人受教育程度也越来越高。作为义务教育的重要组成部分，数学也和残疾人的教育程度息息相关，特别对听力有障碍的聋人而言，数学更是头等难题。

一、听障人士为什么要学习数学

数学是研究空间形式和数量关系的科学，是刻画自然规律和社会规律的科学语言与有效工具。数学的应用越来越广泛，正在不断渗透到社会生活的方方面面，它与计算机技术的结合在许多方面直接为社会创造价值，推动着社会生产力的发展。数学在形成人类理性思维和促进个人智力发展的过程中发挥着独特的、不可替代的作用。数学是人类文化的重要组成部分，数学素质是现代社会公民所必须具备的一种基本素质。

义务教育阶段的数学课程是以培养数学素质为宗旨的基础课程，其基本出发点是促进学生全面、持续、和谐地发展。数学教育在聋校教育中占有特殊的地位，它使学生掌握数学的基础知识、基本技能，帮助学生学会用数学的思考方式清晰思维、清楚表达，使学生以实事求是的态度去认识世界、解决问题。因此，数学课程应突出体现基础性、普及性和发展性。它不仅要考虑数学自身的特点，更应遵循学生学习数学的心理规律，强调从学生已有的生活经验出发，依据学生学习数学的特点，让学生亲身经历将实际问题抽象成数学模型并进行解释与应用的过程，进而使学生在获得对数学的理解的同时，在思维能力、语言能力、沟通交往能力、情感态度与价值观等方面得到进步和发展。

基础数学的知识和运用总是个人与团体生活中不可或缺的一部分。不仅对健全人如此，对聋人也是如此。日常生活中，在商店买东西的时候，我们要知道自己需要给对方多少钱，而对方又应该找回自己多少钱；走向某个地方时，应思考需要多少时间，是10分钟还是1小时；做饭的时候，有多少人吃需要放多少水、多少米——这些都和数学密切相关。对聋人而言，数学同样是不可或缺的学习内容。

二、手语在聋校中年级数学课堂上的运用

手语作为聋人的沟通语言，在他们的学习生活中必然起到了极其重要的作用。聋人通过已知的手语来学习新的知识，构建自己的知识框架。在任何语言学习中，都是以单位词语为基础来学习的。中年级学生在以往的学习中已经可以基本掌握简单的逻辑思维，他们已经可以掌握简单的加减乘除，并

且在掌握这些技能的基础上，开始向小数、分数等领域拓展学习。任何一个课堂都应该是教师和学生互动的课堂。知识的构建是一个递进的过程，因此在聋校中年级的数学课堂中，常常可以看到老师以学过的知识为切入点教授新知识的场景。这对学生学习新知识、巩固旧知识都是极有好处的。而手语在此过程中担任的角色，不仅是一门语言，更是学生学习新知识的基础。倘若在聋校的数学课堂上只是单纯地采取健听学校的教学方式，势必会导致聋生和老师交谈时不知所云的结果。也许会造成老师辛苦写了一整个黑板而学生一点也不知道整节课到底在讲什么的场面。这只会让老师的教育变成无用功，无法明确呈现教师在课堂教学中所要教授的知识。

下面以分数除以分数为例，简单地阐述一下手语在聋校中年级数学教学中的运用。在学习分数除以分数的新内容时，往往要通过分数除以整数来学习该内容。而在此期间，配合课前的准备，如黑板报、多媒体等，教师只需把所要教授的主题“分数除以分数，就是分数乘以这个数的倒数”完整地打出来即可。而这一中心句应当带领学生重复几遍，再通过练习使学生铭记于心；其他的内容则可以简单地用手语表示。由此可见，在聋校中年级数学教学过程中，手语的最大特点是简单，能够抓住重点。

（一）与语文课堂中手语的异同

在聋校中年级的课程安排中，语文以三至四篇课文为一个单元，将同一种文体的文章安排在一起学习。这样做主要是为了更好地让聋生学习到对事物的描写方法。因此，在语文课堂中应力求精准地表达。语文老师会要求聋生熟读课文，反复练习手语。在语文课堂中，老师也会一字一句地用手语表示。但是在数学课堂中，主要是为了培养聋生的思维逻辑能力，手语的地位和在语文课堂中相比有明显的差异。在数学课堂中，教师不光要用手语讲解内容，而且往往需要各种数学用具的辅助。

同样，笔者将以语文和数学的教学过程为例，简单地讲解一下两者的区别。聋校中年级语文《趵突泉》一文的教学目标是学习作者细致观察和具体描写事物的方法，培养观察能力和理解表达能力，理解课文内容，了解济南名胜趵突泉中大泉眼和小泉眼的景色及特点，激发学生热爱祖国壮丽河山的思想感情，陶冶美的情操。因此需要学生在熟读课文的基础上，通过教师的课堂指导明白作者的整个写作顺序，找到关键词语后才能更好地理顺课文。

在教学过程中，需要教师反复带着学生将课文一字一句地打出来，细细品味其中的语言美。

在数学的应用题教学过程中，却并非如此。如："学校今年买了100套桌椅，是去年的1/3，前年买的比去年的多30张，求前年买了多少张。"对于这道应用题，教师在讲解时，不会过多地带领聋生打手语，而是会选择画线段图让学生理解题意的方式。如先画一条完整的线段表示去年，再将这条线段等分为三段，取其中一段写上今年，以此将题目分解成图来解答。这样，手语在其中所需要表达的仅仅是几个数字而已，十分简单。

（二）造成数学教学中手语特点的原因

手语在聋校中年级数学教学中的运用，最大的特点就是简单明了，这也是聋校数学教学中手语的特点。造成这种现象的原因必然和聋生自身的特点有关。由于听力的缺损，聋生在学习知识的过程中大多是通过视觉来开展的，而数学是一门锻炼逻辑思维的学科，过多的文字修饰被翻译成手语表达时，反而会影响聋生对题目的理解。这也是学习数学和学习语文的最大区别。

数学作为义务教育不可或缺的一部分，和语文是息息相关的，数学的定理、定义、公式都是用文字、字母、符号表达的，因此，语文是数学的基础。手语作为聋人的母语，表达着语言的魅力。在数学课堂中，手语也将绽放出无与伦比的光彩。

参考文献

［1］季筱桅. 自然手语在聋校课堂中的表达特点和运用规律研究［J］. 课程教育研究，2013（36）.

［2］曹阳，张宁生. 聋人常用中草药手语词汇调查报告［D］. 绥化：绥化学院，2011.

［3］袁方蓉. 如何在聋校数学课堂中运用好自然手语和手势汉语［J］. 课程教育研究（新教师教学），2016（29）：265.

［4］李玉影. 运用"明手语"，提高聋校课堂沟通有效性［C］. 第七届世界手语大会.

［5］孟文. 聋童教育学［M］. 北京：人民教育出版社，2004.

[6] 刘春玲，江琴娣. 特殊教育概论（第二版）[M]. 上海：华东师范大学出版社，2016.

没有桃李芬芳，唯愿春风化雨

汕头市特殊教育学校 林惠敏

从踏上神圣的三尺讲台开始，笔者就谋划着如何在这属于我的小小领地里干出一番“丰功伟绩”；想象着在许多年之后，桃李满天下的幸福场景，以至于在教育教学道路上遇到艰难险阻亦热情不减、勇敢前行，期待着桃李芬芳的那份荣誉与自豪！

是的，每年的教师节，那些毕业的学生会送来温馨的问候与祝福。事实证明，我的愿望是触手可及的，满满的幸福冲淡了所有的苦累。我坚信，每年收到的祝福会越来越多。

可是，由于工作调动，我来到了特殊教育学校。一个有着各种残疾类型学生的学校。有视力障碍的、有听力障碍的、有肢体残疾的、有智力障碍的，还有精神残疾类自闭症的学生！这样的学生！如何去教出成绩？如何毕业？走出校园后他们如何能够记得老师？有些迷茫、有些失落！都说老师是园丁，培育着祖国的花朵。而这些折翼的天使何时才会如花般灿烂绽放？而照顾这些孱弱的幼苗，园丁又需要投入多大的精力、付出多少的汗水？

带着这些思虑，我开始了与孩子们的亲密接触。在我接手的脑瘫教育班中，孩子的肢残程度不一，情况有别，个性迥异。其中有一个孩子引起了我的注意，他在班里经常被其他孩子孤立。每次课间，他只是自己推着助行器艰难地在走廊挪动。开始我以为是因为他太老实，别人才会欺负他，后来经过细心观察和多番了解，才知道主要原因在他自身。这个孩子性格孤僻、脾气不好，还有不良的行为习惯，因此其他同学不喜欢亲近他。我尝试过和他沟通，但他每次都是点头说“嗯嗯”，之后却没有任何改变。其他同学跟我说："他不写作业，不讲卫生，还没有礼貌，以前的老师说过他好多次，他都不改正，我们就不管他了，只要他安静地在座位上坐着就好。"

确实，这样的孩子是不讨喜的，每天都耷拉着脑袋趴在桌子上，像极了一朵蔫了的小花。这花能恢复生机吗？这样的花能绽放吗？带着愈挫愈勇的心理，我多次地与这个孩子交流，帮助他改正不可取的行为习惯，并教他如何敞开心扉与其他同学接触。但或许是我过于着急，急着想看到这个孩子的进步，最后发现两个星期下来，他依然故我，唯一有进步的是比原来在课堂上稍微安静了一些。但哪怕只是一点进步，都成为我继续的动力。我认真反思，最后发现问题：我不断地告诉他应该怎么做，可是他其实不懂到底"这样做"是怎样的，因为他之前没接触过，如果我手把手地教，或许他能懂。这一次，我制订了更详细的计划，也根据他的情况定了一个短期目标，在操作的过程中，我发现只靠我一个人的力量是不够的，于是，我动员了能够帮到他的同学，慢慢地引导并纠正他的缺点。当然，一开始他还是会重复以前的错误，但是我和同学们都不愿放弃，很多时候，一个行为需要好几天重复着提醒他或者示范给他看。令人欣喜的是，两个月后，我们发现他会主动地跟帮助过他的同学说谢谢，课堂上也不会一有文具掉在地上就大声地嚷起来，看着他那挺直的小腰板、含羞的笑脸，我似乎看到一朵即将绽放的花骨朵儿，充满朝气。

看着这样的笑脸，比之前在普校时看到我的学生考上重点高中还满足！原来这也是成绩！没有老师的引导，他可能不知道自己的行为是如何不好，可能他不懂要怎样做才能有更多的朋友。诚然，在普校，帮助一个学生提高成绩，增强学习能力，是多么令人称赞的事。但比起普通学生，特殊学生的点滴进步与改变，对他今后的生活与学习更有着重要的作用。或许，等到有一天，离开了特殊学校之后，他们没法像普通学生那样给老师发来温馨的祝福，但此时此刻，那清澈的眼神、那腼腆的笑容让我内心洋溢着满满的幸福。

当接触更多的残疾学生，我便更深刻地意识到特殊教育对于残疾孩子的重要性。一个残疾儿童改变了整个家庭的生活，让许多家庭因此陷入悲痛之中。残疾儿童要如何去改变命运？走出家庭，学习知识，接受康复，掌握技能，走向社会……这是改变他们命运的主要途径。而特殊教育教师所从事的特教事业，不仅是面对一个孩子，同时也可以改变一个家庭的命运。

此时，特殊教育对于残疾学生的意义，便远远不是学习方法更好、成绩更优秀、考上名校这么简单了！此处的教育是他们认识并走向世界的通道。

在接下来的日子里，我看到了无数天真无邪的笑脸，遇见了更多纯洁童真的心灵。虽然他们因为某种能力的缺失，给老师的教学带来了很大的困难，他们虽然身体有残缺，但是他们也拥有一颗上进拼搏的心。他们在努力地学习，以他们独特的方式来表现自己的坚强、体现自己的价值。

至此，我不再只是期待桃李满天下，曾经的我因为热爱教育事业而踏上讲台。虽然在这里可能出现不了普校那些令人骄傲的成绩，但是这里每个残疾孩子的健康成长、每个残疾孩子家庭的美好未来，都需要我们特殊教育教师的付出；在这里，我们的责任更大、使命更重。

在特校这个充满爱的花园里，这里的每一朵花都是独特的，可能这里的花苗需要更多的细心呵护，需要更漫长的时间去成长，可能需要园丁更辛勤地耕耘。在这里，可能无法收获桃李芬芳、春华秋实，但是，我们还是可以让小花绽放，像那朵羞怯的花骨朵！唯愿我们的默默浇灌、守护，能如春风化雨，滋润它们，让更多的花能绽开笑脸。

一朵花开了，露珠轻舞、阳光浅画、泥土弹奏！春风轻拂，化作点点滴滴……

第二节　结题报告

山区特殊教育教师信息化教学能力提升策略研究

平远县特殊教育学校　刘芬

平远县是经济欠发达的山区县城，且是一所新成立的特殊教育学校，学校按照省级示范性特殊教育学校标准配备电子显屏，图操室配备图操一体机，每个教室均配备希沃多媒体现代教学仪器；学校现代化教育设施先进齐全，网络环境下班级网络快捷通畅。学校还创建了教师教学资源共享平台和家校互动平台。但作为一所新办学校，大部分教师均为新踏入工作岗位的新教师，他们缺乏工作经验，外出学习也比较少。反思目前我校特殊教育教师的信息化教学能力，我们发现仍存在着较大的问题：教师的教育实践经验不足，缺乏正确的指导、引导和启发等。如在教学过程中，仍然偏重于传统的教学方式，没有充分挖掘现代多媒体教学仪器的功用，没有将信息化教学工具灵活、合理地利用起来。

在各类特殊学校中，学生大多存在着学业问题，并且他们自身的认知、情绪行为等特点，使他们在学业上很难取得进步，而教师的信息化教学能较好地激发学生的兴趣，提高教学效率，帮助学生更加形象生动地对信息进行处理，更扎实稳定地掌握基础知识，也有利于促进学生全面健康发展。

所以，要在实践教育教学中积极探索提升特殊教育教师信息化教学水平的策略，以特殊教育的信息化带动特殊教育的现代化，助力特教学生健康成长。

一、问题的提出

（一）提出问题

鉴于平远县处在一个欠发达地区和我校学生的特殊性，我们发现教师的信息化教学能力能很好地激发学生的学习兴趣，提高学生的学习效率，再结合我国特殊教育与教师信息化发展现状，探索出有利于特殊教育教师提升信息化教学能力的相关策略，加强特殊教育与信息化教学的融合，建设一个满足培智学生发展需求与教师教学发展相适应的教学环境是至关重要的，因而提出此问题。

（二）研究问题

（1）在前人经验中进行研究、总结与反思。通过参考特殊教育教师信息化教学能力提升的相关文献与资料，结合我国特殊教育与教育信息化发展现状，探索出有利于特殊教育教师提升信息化教学能力的相关策略，加强特殊教育教师与信息化教学的融合。

（2）以课题的研究开展促进本校教师的信息化教学能力，引领教师的专业化成长，提供一些可供参考的特殊教育教师信息化教学能力提升的案例与策略建议，建设一个满足培智学生发展需求与教师教学发展相适应的教学环境。

二、研究设计

（一）研究目标

随着教育信息化时代的到来以及我国特殊教育事业的发展，提升特殊教育教师的信息化教学能力也成为新的教育需求。在这种情况下，积极探索特殊教育教师信息化教学能力提升的策略也是提高特殊教育教学质量的关键。我校作为一所成立不久的新校，地处经济欠发达的山区县城，且新踏入工作岗位的新教师较多，教育教学经验较欠缺，信息化教学能力也相对薄弱。但鉴于我们学生的特殊性，教师的信息化教学能较好地激发学生的兴趣，提高教学效率，可以帮助学生对信息进行更形象生动的处理，使其更扎实稳定地掌握基础知识。

所以，在教育教学实践中积极探索提升特殊教育教师信息化教学水平的策略，以特殊教育的信息化带动特殊教育的现代化，满足培智学生的发展需求是本课题的主要研究目标，也是本课题研究的意义所在。

（二）研究内容

（1）在已有经验的基础上，继续完善特殊教育教师信息化教学能力提升策略，探索提升特殊教育教师信息化教学能力的策略，着力培养特殊教育教师的教学开发与设计能力、合理利用信息化教学资源的能力、组织学生开展信息化学习活动的能力，积累一些能力提升经验。

（2）研究确定与探索提升特殊教育教师信息化教学能力的相关因素，形成影响因素所组成的配套体系，在此环境下，创造出一个提升特殊教育教师信息化教学能力相关策略的案例。

（3）通过课题研究，提升教师的信息化教学能力，掌握信息技术与特殊学校教育教学整合的理念和方法，让研究教师在教学中成为特殊教育信息化教学的有力推动者。

（4）利用希沃白板开发课件，建立完善的特殊教育教学课件库，并开设相关校本选修课程，促进本校教师信息化教学能力的提升与发展。

（三）研究对象

本课题依托平远县特殊教育学校为实践、探索、研究基地，以该校一线特殊教育教师为研究对象，以教育教学实际为切入点，通过调查、分析、培训、实践、评比、总结等一系列措施提升该校教师的信息化教学能力。培养特殊教育教师在教学中灵活操作信息化设备、运用信息化手段进行教学的能力。

（1）分析山区特殊教育教师信息化教学能力的影响因素。

（2）开展培训，研究信息化教学能力提升方法。

（3）研究寻找“教师信息化教学能力”提升与特殊教育学校信息化资源建设的结合模式。

以上内容都是对特殊教育教师信息化教学能力提升策略的研究，所有研究的目的都有三个层面：一是提升教师的信息化教学能力；二是促进学校信息化平台的建设；三是利用信息化技术满足培智学生认知发展的需要。

（四）研究方法

本课题力图以“研究—尝试—反思—提升”为研究模式，在研究中尝试，在尝试中反思，在反思中提升。

1. 文献资料法

收集与课题相关的资料，课题研究准备阶段，课题组成员学习有关特殊教育教学能力提升的理论知识；课题研究实施阶段，利用文献中已有经验对本校教师信息化教学能力提出建议，边实践边创新，探索出符合本校实际情况的教师信息化教学能力提升策略。

2. 调查研究法

设计问卷，收集目前特殊教育教师信息化教学能力的发展情况，通过数据的统计、分析，归纳出提升特殊教育教师信息化教学能力的应对策略。

3. 行动研究法

以解决提升特殊教育信息化教学能力的实际问题为主要任务，需要行动者参与研究，边研究边参与实践，根据实际情况，边研究边修改。

4. 案例研究法

捕捉典型案例，开展案例研究，总结特殊教育信息化教学能力提升策略。

本课题组以学校教研为载体，以课堂教学为主阵地，从教师的信息化教学能力和课堂教学实施、学校信息化教学资源平台建设三个方面入手。

（五）技术路线

1. 研究思路

本课题利用专家引领—小组分工—资料研究—小组汇报—提交成果的研究形式，通过“合理分工、合作探究、交流促进、不断完善”的研究方式，先对特殊教育教师信息化教学能力的现状做全面了解，明确研究的内容、方法和步骤，再通过开展一系列的研究活动，依托本校的现有教学资源完成测试研究，借助校级交流展示平台，立足课堂，从教师教育实践入手，探索出有效的特殊教育教师信息化教学能力提升策略，进一步优化特殊教育教师的信息化教学能力提高的资源环境，提高特殊教育教学质量。

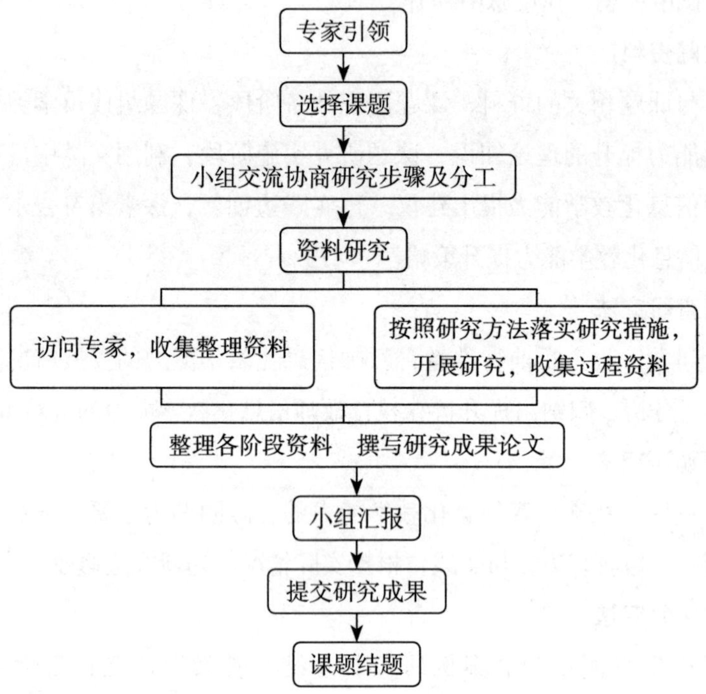

2. 研究路线

（1）前期调研

（2）确定研究目标（查阅相关资料，了解国内外研究现状，咨询专家学者，确定研究课题）

（3）课题论证

（4）课题纲要

（5）制订课题研究计划（检索查阅相关资料，提取有效信息，小组商议，制订具体研究计划）

（6）实践探索（理论研究、比较研究、案例分析、实践研究、总结经验）

（7）反思调适

（8）收集资料

（9）总结分析

（10）建构模式

（11）形成报告

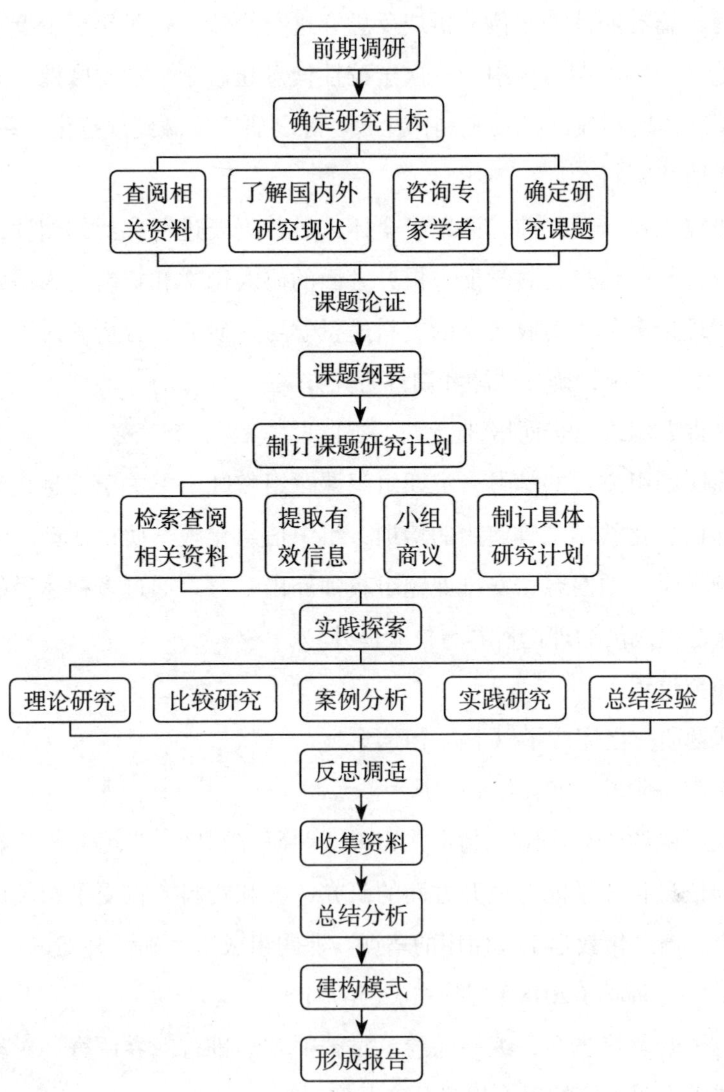

3. 研究步骤

（1）成立课题研究小组

由刘芬业务副校长全面主持、负责，由李喜利、冷娟玲、刘宇婷、邓媚、龙尚华、丘玉华为成员的课题研究小组，小组成员分工明确，各司其职，制订好课题实施总方案。

（2）完善课题研究制度

制定完善的课题研究管理制度和管理网络，严格按照制度执行。每月集中一次开展课题研究工作；每月进行一次研讨活动，每周不定期交流；每月至少撰写一篇有照片的案例分析或反思并进行交流；每学年至少撰写一篇课题研究论文；每学期至少组织一次全校性信息化教学活动观摩课、开放日活动、微课制作比赛或Flash动画制作比赛。课题研究要做到规范化、系统化。

（3）收集资料

在研究工作开始以前，课题组全体人员首先要进行广泛的阅读，收集有关特殊教育教师信息化教学能力提升方面的研究论文和资料，为课题研究做了充分的理论准备。对收集来的资料进行学习、研究、分析和讨论，根据学校教学的实际情况，确立课题和制订研究方案。

（4）课题组成员全面培训

加强课题组成员的学习，定期组织课题组教师学习关于信息化教学的理论，参加信息化教学工具使用的培训，组织信息化教学研讨活动。学习有关专家、领导讲座的内容，安排课题组教师外出学习。通过多种途径的培训活动提高课题组成员的理论素养与技能提升。

4. 研究过程

本课题研究已完成了以下几个阶段。

（1）准备阶段（2018年6—7月）

成立了课题研究小组、制定并完善课题研究制度、学习并收集有关特殊教育教师信息化教学能力提升方面的研究论文和资料，接受了相关信息化教学的理论、信息化教学工具使用的培训。课题组成员明确了分工。

（2）实施阶段（2018年7月—2020年1月）

举行了开题报告会；编制问卷，对教师教学进行问卷调查；对教师进行教学一体机、图操机的理论与实操培训等工作。

同时，在这一过程中建设了学校教师资源共享平台以便于共享教学资料；制订了校级课件制作比赛方案并实施、呈现优秀课件，分享提升教学能力资源（信息化/非信息化），促进校际信息化教学交流；制订了校级公开课比赛方案及对外开放活动方案并实施，以促使教师信息化教学能力进一步提升。

加强组织建设，科学开展研究工作。我们所承担的课题旨在脚踏实地地落实对教师信息化教学的培训，通过一系列的培训、交流、实践，摸索总结出提高教师信息化教学水平的有效策略，探索科学地评价教师信息化教学水平的有效机制，真正提高本校特殊教育教师的信息化教学能力，带动本校教师落实教育信息化的方针，全面提高我校的信息化教育教学质量。因为我们的定位是“探索山区特殊教育教师的信息化教学水平提升策略”，所以在思想上，我们高度重视。

首先，我们认真讨教与总结了以往在承担课题研究工作时所取得的经验，努力发扬科学的研究精神，比如大胆实践精神、努力探讨与广泛交流精神等。在此基础上，我们积极争取学校领导尤其是一线教师的大力支持，成立了“山区特殊教育教师信息化教学能力提升策略研究”课题小组，邀请了平远县两位教育科研主任为本课题的指导专家。

其次，按照研究计划按时开展研究工作。我们坚持每月举行课题研究会，将其作为课题研究与讨论交流的专门时间。在每次的交流会上，首先由各位课题组成员汇报近一阶段的具体工作，一般是各种教育教学中实际遇到的相关问题、教师们的困惑、学生们的反馈情况等，然后由课题组长组织各位课题成员进行广泛而深入的探讨与交流，同时课题组长安排下一阶段的主要任务。为了确保研究工作的科学性、有效性，课题组成员一起收集国内外的相关研究成果，进行深入而具体的交流，并组织大家定期撰写与课题相关的论文、随笔、案例等资料。

总之，本课题自着手研究以来，课题组展开讨论与交流10余次，听取专家宏观指导2次，外出交流学习2次，进行系统的培训学习2次。

（3）结题阶段

目前，本课题组已经完成研究阶段的工作，进入课题结题阶段。现已完成结题存档表的填报审核工作，课题组成员正在进行结题报告书的撰写、结题相关资料的准备以及最后的资料整理与归档工作。

三、研究结果与结论

当前推进教育变革，必须准确地把握教育信息化的发展状况，了解教育信息化规划落实情况。从《教育信息化十年发展规划（2011—2020年）》到《教育信息化“十三五”规划》再到《教育信息化2.0行动计划》，国家陆续出台了一系列非常重要的文件，对教育信息化各项发展的进程、具体目标和任务甚至具体指标都有非常明确的规定。

提高山区特殊教育教师信息化教学能力，需要从多方面、多角度来考虑。

（一）制度层面

在制度层面，制定信息化管理制度、信息化教学培训等相关政策、法规和措施，提升国家和地方政府的信息化领导力，完善教育信息化运行机制，加强顶层设计，加快推进特殊教育信息化、规范化进程；深入研究特殊教育信息化教学的特点和规律，探寻特殊教育教师信息化专业发展的途径和对策，通过信息化教学大赛、教育技术培训和教学成果评奖等多种途径培养各学科专业、各门课程的信息化教学带头人和领军人物；建立健全教师信息技术应用能力标准，将信息化教学能力培养纳入师范生培养课程体系，将能力提升与学科教学培训紧密结合，有针对性地开展培训，对山区特殊教育学校而言，要着重培养特殊教育教师利用信息技术开展学情分析与个性化教学的能力，增强教师在信息化环境下创新教育教学的能力。

（二）学校层面

在学校层面，一是成立专门的教育信息化工作的领导小组，以学校教务处为主，年轻骨干教师队伍为主要力量，建立信息化教研组；二是加大网络教学平台和信息化教学系统等软硬件投资力度，完善信息化教学设备，不断充实教育信息化资源；三是采取灵活多样的评价方式，制定与信息化教学相匹配的教学评价体系以激发教师的积极性；四是强化特殊教育教师信息化能力培训，开展有针对性、多元化的信息化教学培训，组织青年教师信息化教学应用软件理论培训课和说课视频观摩课等，培训时将理论与实践紧密结合，普及理论知识的同时实现教师对软件应用的直观体验，培养一支信息素养高和信息化教学能力强的师资队伍；五是发布与信息化教学相关的活动信息，鼓励学校教师积极参与，提升教师信息化教学能力。

（三）教师层面

在教师层面，无论是年轻教师还是老教师，都应该与时俱进，更新思想，认识到现代信息化教学技术给山区特殊教育教学课堂所带来的便利，主动学习新技术；作为特殊教育教师，还要积极主动地了解特殊教育领域信息化教学的潜在需求，发掘开展信息化教学的内在动力；教师应该加强角色转换意识，成为学生的指导者、合作者和课堂的“导演”，合理利用信息技术手段，将枯燥的书本知识用多媒体呈现出来，把复杂的问题简单化；教师应该树立终身学习的意识，根据自身特点和学科背景，循序渐进地提升自身的技能；除了上网检索教学资源和制作课件外，一线教师还要注重教学过程中的师生互动以及教学评价和反思，积极撰写相关教学、教研论文，注重资料记录和积累，为进一步的教学研究提供借鉴和参考。

（四）“请进来、走出去”

“请进来、走出去”，构建优质特殊教育信息化教学资源库。加强校际间、地区间的交流与合作，在已有的经验基础上，继续完善特殊教育教师信息化教学能力提升策略，善于借鉴优秀的信息化教学理念和经验，开发能够满足特殊教育教师和特殊学生需求的适应性资源，探索特殊教育教师的教学开发与设计能力，促进学校教师信息化教学能力的提升与发展。可以建设校本教学资源库，加强信息化教学资源的管理工作，便于教学时进行搜索和借鉴，达到资源共享、相互促进，提高教学资源的利用效率。

（五）成为信息化的主导者

信息化教学能力的内涵不仅包括信息技术相关知识和学科知识，更重要的是还包括针对不同学科的信息化教学技术知识，即信息技术与课程整合的相关知识。运用信息技术教学要注意对教学重难点的把握，这样才能提高课堂教学效率。现阶段，教师在利用信息化进行教学时容易出现一味地追求使用信息技术，过度使用视频图像或频繁利用多媒体的情况，导致学生只对生动的信息技术感兴趣，而忽略了信息技术所展示的教学内容，在此情况下，信息技术反而成为教学的干扰。如何利用技术服务于特殊教育是一个不可回避的问题。教师才是教学中的主导，应具有较强的驾驭课堂的能力和课堂应变能力，尽管信息化技术可以融入很多教学功能，但教师要成为信息化的驾驭者和主导者，不抗拒技术涌入但也不盲目顺从，合理利用即可。

技术的发展日新月异，教育实践在不断地发展，信息化教学是未来教育发展的大趋势，也是教育改革创新的推进方向。鉴于智力障碍学生的特殊性，善于利用网络资源和学习资源，可以将外界信息更形象生动地呈现在学生面前，将教学内容从书本拓展到生活的各方面，让教学活动更加鲜亮，更好地激发培智学生的兴趣，提高学生的学习能力，有助于培智学生更轻松地理解和掌握基础知识，帮助他们更好地适应社会。培养特殊教育教师信息化教学能力对于特殊教育教学研究也有重要作用。平远县是经济欠发达的山区县城，我校成立三年多来，在提升教师信息化教学能力方面做了许多的尝试，期间取得了一定的进步，但还存在着一些问题，教师们的教育实践经验还有待提升。通过信息化教学能力的提升，将传统的教学方式与现代化手段结合起来，充分挖掘多媒体现代教学仪器的功用，将信息化教学工具灵活、合理地利用起来，以便更好地为教学服务。

我们将继续加强信息化教学研究，切实做到将教育信息技术与教师专业发展紧密结合，在实践教育教学中积极探索提升特殊教育教师信息化教学水平的策略，打造信息化教学团队，提升课堂教学效能，优化、完善信息技术与特殊学校教育教学整合的理念体系，深化教学改革，全面推进山区学校的发展，以特殊教育的信息化带动特殊教育的现代化，助力特殊教育学生健康成长。

四、反思与建议

信息化教学是未来教育发展的方向，尤其是在特殊教育教学的应用中有着很大的优势，特殊教育信息化针对有着特殊需求的少年儿童，运用现代信息技术手段，通过多种途径和渠道传播教育信息，增强他们对教育信息的感知能力。

本课题研究基于课堂，开展实践教学研究，经过近两年对欠发达区县特殊教育教师信息化教学能力提升策略的研究，在课题组全体成员的努力下，完成了课题研究任务，基本达到了预期目标，已经形成了初步成果，取得了较好的实验效果。经过总结归纳，具体分为以下几个方面。

（一）增强学生的学习兴趣，推动学生能力发展

信息技术具有直观性、交互性、动态性等多种优势，教师可以发挥其优势，结合智障学生的认知特点，通过调动他们的听觉、视觉、本体觉等多重感官，提升课堂教学的趣味性、开放性和有效性，让他们最大限度地参与课堂教学。智力障碍学生在学习方面的注意力较难集中，教师通过合理运用信息化手段，利用文字、动画、声音相结合的方式对教学内容进行分解，使知识点形象化，有效地烘托、渲染语言欣赏的氛围，极大地调动了学生的学习兴趣和课堂参与积极性；同时利用多媒体课件将知识点的内容、语言等结合在一起，图文并茂，形象生动，让学生如身临其境，得到体验，提高了学生的思维力、想象力和创新能力，从而有效地提高了教学效率。

信息技术创设了开放的学习环境，将其应用于课堂教学，有助于帮助学生实现个性化的研究学习。它可以设置一个相对个性化的学习环境，使每个学生都能得到与教师、同学充分交流的机会，可以针对学生自己的实际情况，按照最有效的个性化原则来组织教学。

（二）促进教师教学水平的提高

教师的信息素养是至关重要的。有了良好的信息素养，教师就不再缺乏教学资源，工作效率可以借助技术得以提升，可以通过技术让课堂教学变得妙趣横生，可以在实际工作和生活中不断地借助网络促进自身的成长与发展。本课题自开展研究以来，学校教师接受了信息化教学的相关理论和教学工具使用的培训，也参加了校际信息化教学交流、公开课观摩评比、家长开放日等活动，促进了教师信息化教学能力的提高和教育教学理念的转变，丰富了培养学生学习能力的途径和方法。

另外，围绕着课题开展的校内、校际教研活动充分发挥了辐射带动作用，从课题组成员到学校全体教师，从本校教师到周围市县区的山区特殊教育教师，他们都受到了一定程度的影响，提高了山区特殊教育教师的整体信息化教学能力，加强了信息化教学意识，提升了教师自身信息素养，让山区特殊教育教师具备了一定的教学应用与创新能力。信息技术可以帮助教师通过各种方式的反思和交流进行知识更新，不断促进教师专业知识更新和知识结构优化；信息技术应用得当能够显著提高教师工作、学习和研究的效率，大大减轻教师的工作量，提升教师劳动的创造性，教师信息能力的提高又带动了教学水平的提高。

（三）提高学校办学层次

教育信息化是促进教育公平、提升教育质量的重要途径之一。教育部发布的《教育信息化“十三五”规划》提出到2020年，我国要基本建成与国家教育现代化发展目标相适应的教育信息化体系，教师的信息化教学能力将成为评判一所学校办学水平的指标之一。通过对山区特殊教育教师信息化教学能力的研究，学校教育信息化课堂教学取得了良好的应用成效。我校为教师们搭建各种平台、创造机会，多次邀请专家到校进行希沃白板教学、多媒体课件制作等信息化教学培训，也组织教师出去观摩、培训、交流学习，以促进教师综合素质、信息化水平和创新能力全面提升；在信息技术与课程相整合的教学实践中，我校组织全体教师从多角度深入研究如何有效整合学校资源、运用信息技术来构建适合培智学生、培智学校的教学模式，运用现代信息技术改革教学内容和方法，推动信息技术与课程教学的有机整合，满足学生多元化和个性化的学习需求。

在实际教学过程中，一方面，教师利用信息化进行教学提升了学生学习的主动性、积极性，通过调动他们的听觉、视觉、本体觉等多重感官，提升课堂教学的趣味性、开放性和有效性，让他们最大限度地参与课堂教学；另一方面，教师的信息化教学能力得到一定的提升，能够合理高效地运用信息、利用信息化提升教学质量。我们的课题研究虽然取得了一些成果，但教师在利用信息化进行教学的过程中仍存在着一定的问题，这些问题有待进一步钻研。

（四）信息技术与学科教学内容的整合有待提高

研究表明，运用信息技术教学时要注意展示的是教学的重难点，这样才能提高课堂教学效率。在特殊教育教学中运用多媒体能增强教学吸引力，提高课堂效率。但凡事要讲个“度”，过犹不及。多媒体技术虽然具有很多优势，但不可能是包治教育“百病”的灵丹妙药，如果一节课的教学内容全部运用多媒体，教学重点就不会突出，学生也容易产生厌烦或逆反心理，学习效果就会受到影响，多媒体技术在课堂教学中的应用就会失去应有的价值。

现在属于信息化时代，山区特殊教育教师也需要跟上时代的步伐，学习信息技术，运用现代信息技术提高课堂质量和效率。信息技术是教学的一种方式和手段，是为了更好地把知识点呈现给学生，提高课堂效率，但现阶段有的教师在利用信息化进行教学时一味地追求使用信息技术，过度使用视频图像，频繁利用多媒体，导致学生只对生动的信息技术感兴趣，甚至其兴趣远大于对教学内容的兴趣，在此情况下，信息技术反而成为教学的干扰。这就有“本末倒置”的嫌疑，没有整合信息技术与课程，没有针对性的、不贴合教学内容的音视频图像是没有意义的信息技术教学。信息技术的运用必须是为教学内容服务的，这才是真正的信息化教学，我们不能浮于表面，一味地为了使用信息技术而使用信息技术。这就要求教师既要认真做好备课工作，钻研教材，了解学生，有针对性地选用信息技术，设计出能帮助学生

“学”的信息化教学课堂，还要具有较强的驾驭课堂的能力和课堂应变能力，引导学生共同探讨问题、解决问题，使学生的学习有目的、有成效地进行。在信息技术环境的当下，对教师有着严格的要求，对特殊教育教师而言，因为学生的特殊性，他们更需要不断探索、不断提升自己的信息化教学能力。有信息化教学能力的特殊教育教师，应该是信息化的驾驭者与主导者，而不是顺从者。提高特殊教育教师信息化教学能力，就是提高教师对信息化的驾驭能力与利用能力，这关系到信息化课堂的教学质量。另外，山区特殊教育学校由于地理位置较偏远，跟发达地区的特殊教育学校相比可能会存在一定的差距，但现在是网络信息时代，教师可以共享信息资源，可以在实际工作和生活中不断地借助网络促进自身的成长与发展。我们山区的特殊教育教师要抓住大好形势，在互联网这片沃土上主动学习、及时充电、不断探索，掌握现代化教学手段，培养良好的信息素养，为教学增添新动力。作为信息时代的教师，我们更要克服前进道路上的绊脚石，使教学和学习两不误，积极主动地提高自身素养，做时代的弄潮儿。

通过对山区特殊教育教师信息化教学能力的研究，学校教育信息化课堂教学取得了一定的应用成效。但在信息技术与课程相整合的教学实践中，我们要多角度深入研究如何运用信息技术，培养学生获取信息、运用信息、提高学习能力并形成适应课程知识特点的教学模式，运用现代信息技术改革教学内容和方法，推动信息技术与课程教学的有机整合，满足学生多元化和个性化的学习需求。

（五）要恰当处理信息化教学与学生动手操作的关系

特殊学校的学生存在着很大的个体差异，这种差异是客观存在的，因此在教学中一定要突出个别化教学。在实际教学情况中，在课堂上利用信息化教学，就新授环节来说，可以充分激发学生的学习兴趣。但是，就需要学生动手操作实际体验的环节来说，信息化的教学方式则不能充分调动学生的参与度。课堂教学的过程普遍来说是一个班级授课的过程，但在培智课堂上，在使用多媒体练习时只能叫上一两位学生，而练习过程中也需要教师的全程指导与关注，这对其他学生来说，等待时间过长，并且他们不会关注老师前面讲的内容，所以课堂整体效率不高。因此，教师在实际教学过程中也要恰当运用信息化，要使信息化与学生动手操作相结合，恰当处理好两者的关系。

（六）优化信息化教学课堂的硬件设施设备

在教学中，信息化为我们提供了理想的教学环境，教师提高信息化教学水平，合理地使用信息技术，能够优化学习过程，实现教学活动的理想设计。但在研究过程中，学校网络资源的开发与管理任务繁重；学校资源库的相关资源局限性较大，品类单一；学校除教育教学资源之外的文献查找等相关资源较欠缺，这些问题在一定程度上影响了我们山区特殊教育学校信息化教学的发展。因此，学校需要制定相关发展规划和管理制度，需要优化特殊教育信息化硬件环境建设，构建特殊教育资源库，开发优质教学资源，具体内容包括构建国家级、省级特殊教育信息化教学资源库和开发特殊教育信息化校本教学资源库等。

由于受研究条件、时间和其他因素的限制，首先，本课题研究仅以梅州市平远县特殊教育学校的教育信息化发展现状为研究个案，在研究样本的代表性和普适性方面存在一定的不足。其次，本研究对国内外特殊教育信息化理论研究成果和成功实践经验的梳理与总结，还做得不够全面和深入，从而导致调查问卷的内容维度选择和问题呈现方式设计方面存在一定的偏颇。再次，本研究对平远县特殊教育学校在教育信息化建设和发展过程中出现的问题可能总结得还不够全面和精练。最后，本研究构建的加快特殊教育信息化发展的对策，有待在更大范围内通过教学应用检验其可行性、科学性、有效性和适用性。

此课题无论是理论层面还是实践层面都有一定要求，不同学科教师的信息化教学与能力提升侧重点不同，不同学科之间教师的信息化交流还需要我们做大量的理论研究与实践工作。因此在相关教育教学理论的领悟与运用上，在对课题研究实践的理性归纳和提升上存在着困难，需要在今后的教学实践中继续摸索，不断总结与反思，不断完善山区特殊教育学校的信息化教学能力提升的课题研究。

聋校体育课程建设的策略研究

汕头市聋哑学校　郑暖暖

2018年，汕头市聋哑学校组织申报了汕头市教育科学“十三五”规划课题“聋校体育课程建设的策略研究”，本课题经课题组成员充分论证、深入探索，累积了一定的前期经验，并在此基础上撰写了课题申请评审书及翔实的实施方案报送汕头市教育科学规划领导小组办公室，经汕头市教育科学规划领导小组办公室组织专家评审，此课题被确立为汕头市教育科学“十三五”规划2018年一般项目课题，批准号为2018GHBY031。

经过一年多时间的研究，现将课题研究工作汇报如下。

一、课题提出的背景及研究意义

“野蛮其体魄，强健其精神”已成为全民共识，“健康第一”已然成为学校教育的一大重点。《中共中央、国务院关于深化教育改革全面推进素质教育的决定》中指出，聋校的培养目标是使学生掌握锻炼身体的基本方法，具有较好的个人卫生习惯；身体素质和健康水平得到提高；初步掌握补偿自身缺陷的基本方法，身心缺陷得到一定程度的康复。

在平日的教育教学中，经多方观察与考量，课题组发现听障学生因听力缺陷，无法与普通人进行正常的语言沟通，缺乏人与人之间的交流、心与心的沟通、情与情的交融，这使他们很难融入主流人群，社会活动范围受到极大的限制，使得大部分听障学生遇到困难和问题时，容易产生认知上的偏差，认为自己本就低人一等，容易产生自卑感。这份自卑感发展到一定程度便会使人产生习得性无助感，甚至自暴自弃，并形成强烈的逆反心理，这些消极心理对听障学生人格的健康发展造成很大的负面影响。

为使全体听障生在潜移默化的教育中，能形成自信自强、积极阳光的心态，课题组在查阅各类书籍和资料并结合平日的教育教学经验后发现，体育教学可以充分发扬听障学生的优势，使他们在体育锻炼中逐步转变消极的心理状态，并在寓教于乐的过程中逐渐形成坚韧不拔、阳光勇敢的品质，唤醒其内心对学习生活的自信与热爱。同时，课题组成员发现，体育是听障学生向健全人展示自己的一条很好的途径，也是提高听障生体质的极佳途径。对听障学生实施体能教育，不仅能强壮他们的体魄，还能促进听障学生感知力、观察力、表现力的发展，为他们的德智体美劳全面发展奠定了坚实的基础。

综上所述，本课题的研究立足于寻找听障学生的闪光点，发挥他们的热情和天赋，让他们在接受艺术教育的过程中增强自信心和成功感，从而对听障学生容易自卑、缺乏自信的心理进行有效矫治，使他们形成自信自强、坚韧勇敢等宝贵品质，这将为其毕业后成长为自食其力、造福社会的人才奠定丰厚的物质基础。

二、对课题概念的界定

本课题涉及的几个关键词为：“课程建设”“聋校”“策略”。

（1）课程指高等学校教学建设的基础，课程建设是学校教学基本建设的重要内容之一。加强课程建设是有效落实教学计划，提高教学水平和人才培养质量的重要保证。

（2）“聋校”指听障教育学校。

（3）“策略”指可以实现目标的方案集合，在这里特指教学策略，即实施教学过程的教学思想、方法模式、技术手段三个方面动因的最优化框架式集成整体，是教学思维对这三方面动因进行思维策略加工而形成的方法模式。

三、课题研究的目标

本课题深入贯彻落实教育部《国家中长期教育改革和发展规划纲要（2010—2020年）》的精神，以该纲要中提出的“注重潜能开发和缺陷补偿，培养残疾学生积极面对人生、全面融入社会的意识和自尊、自信、自立、自强的精神”要求为指导，紧紧围绕“如何构建适合听障学生健康成长和主动发展的教育、开发残疾学生潜能、补偿残疾学生缺陷”的教育问题，进行聋校体育课程建设的策略研究。

课题研究的总体目标为：在聋校日常的体育教育教学中，充分发挥听障生的优势，并根据其生理特点、实际学情和兴趣爱好，归纳并整合出一套科学系统的体育教学模式，从而把握正确素质教育大背景下体育教育的人文内涵，使学生在寓教于乐的过程中逐步形成自尊自信、自立自强、坚毅勇敢等精神，并在今后的生活中付诸实践。

通过课题研究，课题组成员希望听障学生在科学系统且生动有趣的体育学习中，养成自尊自信、自立自强、坚韧不拔等宝贵品质，且更深层次地理解体育精神的真正含义。与此同时，成员希望经过深入探索，能总结出一套行之有效的聋校体育教学模式，为特教界的同行提供参考。具体而言，可拟为下列四个目标。

（1）改善听障学生的运动智能，改善其对外部环境声音的理解能力，在体育课程建设的进程中，注重学生的功能补偿和潜能开发。

（2）帮助听障学生掌握各类运动方法等体育技能，发展其运动能力，提高其体育素养。

（3）改变和优化听障学生的大脑结构，正确引导和提高听障儿童的想象力、逻辑思维能力、分析和综合能力等抽象思维能力。

（4）促进听障学生心理活动的正常发展，通过有组织的体育活动让他们实践基本的社会技能，减少听觉损伤对社交、情感功能的影响。

四、课题研究的理论依据

（一）教育部《特殊教育提升计划（2014—2016年）》

2014年1月，由教育部等7部门联合制订的《特殊教育提升计划（2014—2016年）》提出，要深化特殊教育课程改革，注重培养学生自尊、自信、自立、自强的精神，注重学生的潜能和开发。

（二）教育部《国家中长期教育改革和发展规划纲要（2010—2020年）》

教育部《国家中长期教育改革和发展规划纲要（2010—2020年）》第十章“特殊教育”中提出：提高残疾学生的综合素质。注重潜能开发和缺陷补偿，培养残疾学生积极面对人生、全面融入社会的意识和自尊、自信、自立、自强的精神。

（三）美国心理发展学家霍华德·加德纳的多元智能理论

根据美国心理发展学家霍华德·加德纳的多元智能理论，智力发展不仅是“逻辑—数学和语言（主要是读和写）”两方面的发展，还包含了其余的空间智能、肢体—运动智能、音乐智能、人际智能、内省智能、自然探索智能、存在智能七个范畴。

五、课题研究的实践意义

随着聋校新课程改革的逐步深化，新课程标准实施的日臻完善，全民健身的认知日渐深入人心，体育教学在学校的教育教学中受到明显的重视，其重要性与必要性于听障学生而言更是不言而喻的。反观当下特教界聋校体育校本课程建设，虽已取得部分成果，但大部分教师在日常的教学中仍旧生搬硬套普校体育课程的内容，无法很好地满足听障生特殊的学习需求，更无法力促每位听障生得以有个性的全面发展。故课题组成员在充分阅读各类书籍与资料后，结合学校实际教学实情，灵活转化教学思维，确立“一个目标，多种方法”的教学意识，尽可能多地为听障学生创设更多锻炼与展示的机会，让听障学生在体验体育带给他们的乐趣的同时，也能更深入地理解体育精神的真正内涵。

六、课题研究的主要内容

（1）明晰聋校体育课程开设的项目种类、课程安排、学员分配方式。

（2）创新教育教学方法，探索有效的运动训练模式，根据残疾学生的身体情况和能力教学，适时、适地、适度地调整活动内容、器材、方法，让听障学生享受运动带来的快乐。

（3）编制规范的体育校本教材，根据聋校体育与健康标准，对老化陈旧、不符合时代要求、制约教学质量提高的内容进行删减，编制一套适合学生的、行之有效的聋校体育与健康课程校本教材用书，规范教材，健全课程教材体系。

（4）加强课程资源的开发利用，充分利用课内外、校内外资源开展体育活动、训练和竞赛，以增加听障学生与外界的接触面。

（5）打造具有特色的体育类名牌学科，培育优秀体育人才和团体。

（6）通过体育运动矫治听障学生容易自卑的心理，促进听障青少年身体和心灵的健康成长。

七、课题研究的方法

本课题涉及的研究方法包括文献法、行动研究法、经验总结法。

（1）文献法。通过对本课题相关的文献进行收集、整理，通过比较分析、展开深层次的研究，从中抽取有规律的东西为本课题所用，为特教学校艺术人才培养模式的探索提供研究思路、研究证据和研究方法。

（2）行动研究法。本课题通过计划、行动、考察、反思和再计划，将教育研究和教育实践活动融为一体，为特教学校艺术人才培养模式搭建起研究与实践的桥梁。

（3）经验总结法。对特教学校艺术人才培养模式的研究和应用情况进行科学分析与总结，使特教学校艺术人才培养模式的研究上升到理论高度。

八、课题研究的步骤

（1）前期研究阶段（2018年1—12月）：项目选择，设立项目，方案设计，填写项目申报，申请书送审。立项后，请教育界专家或经验丰富的一线教师就课题研究的思路与方案进行指导，制订本课题的初步实施方案，对实施方案进行分解，分项同步实施，强化过程管理，不断改进和完善，进行项目的开题论证，收集、整理与本课题相关的文献资料。

（2）中期研究阶段（2019年1—6月）：进行阶段性评估与成果汇报。课题组成员就上阶段探究过程中存在的问题与其他体育教师一同探讨，并就下一阶段的体育教育教学内容和课题研究重点进行研讨，并根据课题总目标制订下一阶段的研究计划；完成学校运动器材的添置和修缮；开展师资外出交流培训；开发独具特色的律动校本教材；组织学生参加校内的体育活动或赛事；与高等院校、合作单位进行艺术教育学术交流，邀请高水平的专家进行指导，在实践中不断完善聋校体育课程建设的策略研究。

（3）后期研究阶段（2019年7—12月）：将研究成果进行应用和推广，在实践中完善研究方案，深化研究实践。总结成果应用及推广，汇总材料，逐步形成研究报告，用一年时间完成。

九、课题研究的主要过程

（一）确立“扬长避短”的教育理念

“扬长教育”是培养成功人才的教育。大量事实证明，一个人的成功总是得益于他智能结构中最突出的地方，即个性、特长占优势的地方或称为“长处”的地方。运用积极影响克服消极影响更能激发人内在的学习动力，提高自我效能感，即“扬长”比“避短”更利于成功。

汕头市聋哑学校对听障学生智能因素和结构的多样性进行分析，认为肢体—运动智能可视为听障学生的优势之一，即可通过开发其此项潜能，进而推动学生其他能力的发展。因为听力缺陷成为听障学生的一大阻碍，已严重阻碍其语言能力的发展，甚至可能阻滞其思维能力的发展。与听力正常的学生相比，语言沟通是他们的劣势，而语言沟通障碍也直接对他们造成了学习障碍，使他们在文化知识的学习进度上很难赶上健全人，这些都是听障学生的“短处”。但肢体—运动语言却是听障学生的优势。因为其特殊的生理结构，导致其只能“以目代耳”感知事物，久而久之，其观察能力和模仿能力得到极大的提升，对于教师的一个动作、一个表情、一个眼神，他们均能在较短的时间内进行细致观察，并很快捕捉要点，模仿得极其到位。

此外，听障学生的性格中有一份潜在的韧劲以及对教师的信赖感，这使得他们在为目标奋斗时，比正常学生更能吃苦耐劳，更愿意在教师的指点与帮助下，通过自己的不懈努力达成目标，以此证明自身的实力。故他们在体育课堂上常能充分感受到累并快乐的真谛。

最后，汕头市聋哑学校的扬长教育理念立足于几个基本点：一是承认听障学生的长处，这些长处往往就是听障学生成功的优势和竞争力所在；二是善于发现和发展听障学生自身的长处，多视角观察、接纳、赏识听障学生身上的闪光点，发现并挖掘其潜能；三是通过扬长激活听障学生的兴趣，调动听障学生学习和成长的主动性与积极性，让学生体验成功的喜悦，增强听障学生的自信心和成功感，克服自身弱点对学习和成长的影响，这将使教师在日常的教育教学中，更为敏锐地发现每一位听障学生的闪光点，并竭尽全力为他们搭建各类平台，使他们得以发光。

（二）优化体育课程设置

学校在体育教学上真正落实“扬长避短”的育人理想。对此，学校进行体育课程优化改革，在原来一至三年级每周开展两节体育课的基础上，于每周二和周四下午增设兴趣班，以体育课和兴趣为体育教学的课程载体，从体能训练、特长培养等方面调动听障学生的主观能动性，不断优化学校体育教育教学课程体系，力争将体育教学打造为汕头市聋哑学校的精品课程之一，以期为其他兄弟学校提供参照或启发。

在基础设施配备方面，学校领导给予大力支持。为使听障学生更好地进行体能训练，更全面地尝试各类体育项目，找到最能发挥特长的平台，学校已投入一批资金，用于添置各类体育设施，完善体育场地，最大限度地满足日常的教学和训练需求，以此推动体育校本教育的进展，优化办学效果。

（三）与高等院校、实践单位实施合作交流

汕头市聋哑学校与汕头市残疾人联合会、汕头市特殊教育学校、汕头市金平区存心特殊教育学校3所成果实践单位建立友好合作关系，进行体育教育教学经验交流，在实践中共同探讨，不断优化教学过程，完善体育课程建设的体系。此外，课题组成员还向高校教师和其他颇富教学经验的一线教师请教，在交流过程中课题组成员收获了许多宝贵的建议与意见，成员们结合学生实情与兴趣爱好，不断修改教育教学模式，在潜移默化中提升了聋校体育教学的质量。

（四）提高体育教师师资水平

特教学校艺术人才培养模式的构建离不开一批“术业有专攻”的专业人才。教师有专长、有特色，才能培养出学有所长、风格各异、个性鲜明的学生，才能带动特色课程和特色教育的建设与发展。在聋校体育课程建设研究的过程中，我们将打造一支专业过硬、理论颇强的专业教师队伍作为重要目标。为此，学校采取了如下举措：一是加强律动教师专业考核，每年进行校内教学技能竞赛或岗位大练兵，以此提高教师自身的专业素质；二是建立培训长效机制，鼓励教师加强在职进修，学校每年申请专项经费，支持教师参加国家级、省级教学培训和教学研讨活动，并对重大的体育教育教学活动进行学习观摩；三是鼓励教师辅导的学生参加省级、市级各类体育赛事或活动，在各类大型的赛事中开阔眼界，积累实战经验，在不断借鉴与碰撞中，

更新自身教育教学理念，真正做到与时俱进，因材施教，为听障学生量身打造一套适合他们的体育教学模式，促进体育教学水平的提升。

十、课题研究的成果

（一）创新授课模式，实现听障学生最优发展

依据教育对象能力和进度的差异，在体育教学中，教师对教育对象进行分层次教学，实施“AB组”“A+B组”授课模式。

“AB组”授课模式即在普通的体育特长班班员中，按照他们的体能基础差异，将其分为A、B两组进行分层次授课。如果A、B两组在一起学习，固然有相互带动的积极一面，但两组体育基础有差距，能够接受的训练进度和强度不同，A组班员“吃不饱”，B组班员“吃不了”的现象将变得越来越严重，导致A组班员带动B组班员提高很困难，而B组班员影响A组班员提高的负面作用却很明显，结果是A、B两组都难以主动发展。针对这种情况，我们采用了分组教学法。A组班员要求具备一定的体育基础，有过体育训练和比赛的经历，其主要任务在于参加各种大型体育赛事和活动；B组班员为具备一定的体育潜能，但自身基础较薄弱的新生，其主要任务在于接受强化训练，成为学校体育特长队的储备人才，进而组建起一支体育特长后备人才队伍。当A组班员不足时，及时发挥后备力量的作用，从B组中选拔表现优异的班员进入A组。这样，在B组中便形成了竞争意识，调动了B组班员训练时的积极性和主动性。分组教学的实质就是为学生创造适合他们主动发展的平台，也就是因材施教教学方法的具体应用。

“A+B组”授课模式是以小组课（2～3名学生）的授课方式，以学生授课为主，教师助课为辅的教学模式。“A+B组”由A组1～2名班员和B组1名班员组成一组，通过培养A组班员使其具备一定的教育管理能力，将其发展为老师的小助手，利用每天的体能训练时间，对B组班员进行“一对一”或“二对一”辅导，由教师巡查训练、辅助指导，以A组带动B组，以优带弱，既发挥了学生的主体作用，也全面提高了体育特长队的整体水平。

（二）打造特色体育运动项目，形成平台

课题组以“立足打造体育特长运动项目，搭建师生展示平台”为体育教育的基本出发点，在全面发展的基础上打造独具特色的体育运动项目。通过

组织教师队伍对各类体育项目的素材进行调研与研究，根据本校听障学生的实际学情以及兴趣爱好，精心选择合适的训练内容，并聘请专家进行指导，努力办出具有汕头市聋哑学校特色的体育教育。在汕头市聋哑学校的特色体育训练课堂中，教师通过让听障学生体验各类体育项目，把握它们的动作要领，进而根据自身的兴趣爱好和能力差异，分成不同运动训练小组，使他们在全面发展的基础上展示出独具特色的一面，并在教师的悉心指导下，取得较为明显的进步，进而在各类赛事和活动中一展风采，并将此逐步发展为学校体育教学中的一大特色。

在开展课题研究的过程中，学校研发了初级、中级、高级三个阶段的校本教材。在教材内容的选编上，以图文并茂的形式，生动形象地展示了各类常见体育项目的动作要领，并附上简明扼要的文字讲解，使师生在使用时能收到简单易懂又灵活好用的效果。如乒乓球的发球技能，篮球投篮的动作要领，跳远时跳跃的核心动作等。

（三）将课堂延伸至舞台，校园内外两面开拓

核心素养的培育和养成离不开实践活动。积极开展实践活动能够培育听障学生的核心素养，只有通过行为形成体验，才能使品格逐步稳定。为此，汕头市聋哑学校创新教学形式，将校内体育课堂延伸至校外，为听障学生创造更多的展现机会，从而提高他们的实践能力和心理素质。在不影响正常教学的情况下，学校组织学生参加各种类型的体育赛事和体育活动。具体体现为：对内，搭建校园活动平台，通过组织体育节、班级对抗赛等校园活动，为学生搭建校内展示平台，营造青春活力的体育锻炼氛围，强化全民健身的意识。对外，积极参与各类赛事，一是组织学生参加国家或广东省残疾人体育赛事；二是组织学生参加各类独具意义的体育活动。如：2002—2010年，我校学生作为汕头市残疾人运动员代表参加广东省第四届、第五届、第六届残疾人运动会，获得金牌2枚、银牌4枚、铜牌2枚；2013年8月，在汕头市教育局主办的“2013佳得乐校园中学生篮球赛”粤东赛区总决赛中，我校篮球队获得粤东赛区亚军；2017年，在汕头市青少年残疾人田径和游泳锦标赛中，我校参赛运动员共获得金牌5枚、银牌8枚、铜牌1枚，并取得团队总分第一名和体育道德风尚奖与组织奖的好成绩。这些活动拓宽了听障学生与外界交流的渠道，提高了他们的心理素质，让听障学生充分展现了自我的风采，使他们逐步培养出自尊、自信、自立、自强的优秀品质。

（四）研发聋校律动校本教材，投入教学使用

鉴于此前我校体育课所使用的教材大都为普校的教材，里面的大部分内容无法满足听障学生的特殊需求。为此，从2016年起，我校着手研发体育校本课程教材。教材编写的主要思路是：以体育课程标准为出发点，以听障学生的身心发展规律为依据，围绕听障学生的兴趣爱好以及体能特长，以基本体能训练为教学基点，以特长训练项目为主线，将聋生的兴趣充分与训练的系统性、科学性、全面性相融合，使聋生在体育训练的过程中充分感受体育的魅力，且形成吃苦耐劳、坚毅勇敢等宝贵品质。

教材分为初级、中级、高级三个阶段：初级教材主要是针对一至三年级的听障学生，初步训练他们的基本动作，打好体能基础，并且激发学生对体育训练的兴趣，降低体育训练的枯燥感；中级教材在初级教材的基础上，对体育课内容进行了提高和拓展，体现了教育性、科学性和开放性，主要让学生进行基本的体能训练，在掌握基础动作要领的基础上，选修他们感兴趣且能发挥其体育特长的项目，使他们在潜移默化中感受到体育精神的魅力，建立起对人生、对一切美好事物的挚爱之情；高级教材则是我校特色运动项目训练课程的体现，收编难度系数较高的系列动作要领。

十一、课题研究的成效

（1）培育了听障学生的核心素养，塑造了听障学生自尊、自信、自立、自强的精神面貌。自课题研究在校园开展以来，许多听障学生原本胆怯、自卑、缺乏自信的心理得到了有效的矫治。听障学生的心理素质在各类比赛和日常训练中得到极大的提升，从中体验到成功的愉悦，获得与外界平等交流的机会，进而培养了听障学生的自信心和吃苦耐劳、坚持不懈的意志品质。听障学生的整体精神面貌得到大幅度转变，呈现出自尊、自信、自立、自强的精神气质。成果的应用提高了听障学生的核心素养，锻炼了听障学生的体魄，为听障学生创造了与外界沟通和交往的机会，有效促进了听障学生与外界沟通交往的能力及融入社会的意愿。

（2）培育出了一批体育特长生。在探索新课改下聋校体育教学的过程中，学校注重挖掘体育好种子，集中力量对他们进行重点培育，由此培育出一批体育特长生。近年来，一批学生凭借出色的篮球技艺，被广东省残疾人篮球队录用为队员；还有一些学生在各类体育赛事中亦崭露头角。

（3）培养了名师、优师。以“体教结合，培养人才”为体育组整体教学理念，教师们立足校本课程研发、打造特色体育项目，构建寓教于乐的训练模式。在此教学模式下，教师根据学生各自的兴趣与特长，将训练项目细化为篮球、乒乓球、跑步、羽毛球等多个兴趣小组。在兴趣小组的带动下，保证学生在全面发展的基础上，获得个性化发展。教师在这种发展模式下，内心的创造潜能也得到极大的激活，在潜移默化中打破了专业化技能提升的瓶颈，极大地降低了自身的职业倦怠感，真正践行了教学相长的教学理念，培养了一批名师和优师。

十二、课题研究存在的主要问题及今后的设想

（一）参与课题研究的教师研究水平不一

参与本课题研究的教师大部分是学校各学科的教师，由于课时量多及平时外出比赛、活动频繁，他们需要用大量业余时间指导学生训练，因此他们实践方面的研究很丰富，但缺少足够的时间进行理论方面的学习和教育科学研究，撰写教学相关论文。

（二）文体艺术交流面需拓宽

学校目前开展的体育赛事虽然广泛，涉及广东省、市、区等多项活动和赛事，但与国内具有较高体育办学水平的特教学校交流较少，与普通中小学校在体育教学上的交流也甚少；学生们参赛和活动大都局限于广东省内各项活动与比赛，尚未迈向省外甚至港澳台地区一些更高水平的舞台。师生们在赛事的视野方面和创新力方面有待拓宽与提高。

十三、下一步计划及措施

教育发展是一个持续的过程，因此，基于听障学生体育教育教学的策略研究是一个长期的、不断完善的过程。在课题研究过程中，汕头市聋哑学校已形成了独具特色的体育人才培养模式，并在一些特教学校中产生了积极的影响和示范作用。因此，学校有必要在当前研究的基础上，认真总结，不断充实，使体育人才培养模式的构建更加完善，在特教学校培养体育人才的过

程中发挥其独特的作用。

下一阶段，学校将在总结已有经验、成果的基础上，进一步发展和完善特教学校体育人才培养模式研究。一是优化体育教师课时安排，保证每一位体育教师有足够的时间进行实践和理论方面的研究；二是完善体育校本课程的人员保障机制，加强师资队伍的建设，多样化地引进人才；三是拓宽师生培养途径，进一步加强与国内具有较高体育教学水平的特教学校搭建校际联盟合作，共建教师、学生的交换式学习，并与普通中小学创建体育培训课堂，让听障学生与普通中小学生进行平等的交流，互学互进；四是拓宽学生的体育赛事或活动平台，争取机会迈上省外及港澳台等地区更高水平的舞台。通过不断调整和完善，促使特教学校体育人才培养模式能更好地适应新形势下特教学校体育人才培养的需要。

对聋哑学生行为习惯养成的理论与实践研究

五华县特殊教育学校　朱海标　廖育辉

一、课题的提出

1. 研究问题的背景

（1）国内外研究的进展：就目前国内外现有的研究看，纯粹对聋哑学生行为习惯养成的教育理论研究很少见。从已有的研究看，特殊教育教师侧重于研究学生德育教育的有效性，把培养学生行为习惯的研究放在次要位置，对聋哑学生的良好行为习惯如何去操作、去实践，至今没有人进行过很好的总结。

（2）存在的问题：特殊学校的聋哑学生，有相当一部分都存在着各种各样的不良行为习惯，有些是他们自己形成的，有些是根源于家长的不良教育和不良行为的影响，这些不良行为直接而且严重影响着本来就身体不便的学生们的学习和生活。这些不良习惯极大地阻碍了他们朝好的方向成长与发展。

（3）理论现状：各种理论指出行为习惯直接影响着每一位学生今后的学习、生活和工作，所以行为规范教育具有重要的意义。

（4）聋校德育实践都指出对聋哑学生行为规范的养成不能急于求成，要讲究“度”，教育过程中要内容少、速度慢，要长期反复地教育才能使他们一点点养成良好的行为习惯。

2. 研究问题的意义

学生时代是养成良好行为习惯的关键时期，培养聋哑学生良好的行为习惯对促进聋哑学生的发展，促进特殊教育学校教学质量的提高，具有现实意义，更重要的是，这将会成就他们美好的一生。

二、课题的界定

本课题中所提及的学生，是指在本校就读五年级的聋哑学生。“习惯”一词在《现代汉语词典》中解释为“在长时期里逐渐养成的，一时不容易改变的行为、倾向或社会风尚”。行为习惯是有意识、有目的培养的，由于重复而巩固下来并变成人类社会需要的，长时间里逐渐养成的个人行为方式；是经过反复训练而养成的语言、行为、思维等生活方式，它是人们头脑中所建立起来的一系列条件反射。从心理上来说，行为一旦变成了习惯，就会成为人的一种需要。当你再遇到这类情景的时候，不用过脑子就会这样做。如果不这样做，就会觉得很别扭。这说明行为已经具有了相对的稳定性，具有了自动化的作用。它不需要人们去监督、提醒，也不需要靠自己的意志去努力，是一种省时省力的自然动作，也就是平常说的“习惯成自然”。特殊学校培养聋哑学生良好行为习惯不是一般行为，而是一种定型性行为。特殊学校培养聋哑学生良好习惯就是全面贯彻党的教育方针，积极推进素质教育的具体表现。

三、课题研究的目标

（1）通过课题研究，积累资料，总结经验，探索出聋哑学生良好行为习惯培养的有效途径和方法。

（2）通过课题研究，帮助聋哑学生养成良好行为习惯。

（3）通过课题研究，提高聋哑学生的自我教育能力。

四、课题研究的过程

（一）准备阶段（2016年9—10月）

（1）做好课题的选题、申报及立项、论证等工作。

（2）讨论制订课题研究方案，提交有关专家指导并进行论证，进一步修改、完善方案。

（3）组织课题开题，再次对课题进行论证，提高对本课题研究意义的认识，进一步明确研究目标，掌握相关的研究方法，提高研究水平。

（二）实施阶段（2016年11月—2018年3月）

1. 本阶段采用的课题研究方法

（1）调查法。调查聋哑学生的学习行为习惯及家庭教育状况，通过调查了解聋哑学生的受教育状况、学习活动现状、实际水平及成因，为课题研究提供依据。

（2）个案法。选择有代表性的个体学生进行建档分析。围绕教育活动，对其个体开展纵深研究，以寻求有效的教学措施。

（3）行动研究法。通过问卷调查，了解聋哑学生的行为和家庭情况，分析他们的心理障碍，对反馈信息做出调整，制订出适合聋哑学生行为习惯的计划，探寻提升教育质量的有效途径。注意学生各种行为习惯的表现，找出他们的共性和个性；针对其不良行为，指出缺点，分析利害关系，研究设计教育活动方案，并进行行动实施，对研究的设想及方案进行完善。

（4）经验总结法。对研究活动中取得的经验体会进行总结归纳，形成研究的规律及方法。

（5）文献法。结合本课题的研究内容，阅读、学习有关课题研究的专著，增强课题研究意识，学习相关课题。

2. 本阶段课题研究过程

（1）加强学习，提高认识，适应新形势。①组织课题组教师学习课题方案，明确研究方向。②鼓励教师广泛收集、查阅与本课题相关的文献资料，学习、研究相关的教育教学理论和先进经验，以提高思想认识，借鉴他人成果，做好自学笔记。③组织教师参加外出培训活动。鼓励教师参加各种竞赛活动。每位课题教师都认真撰写教育随笔并及时上交。

（2）加强研究，培养聋哑学生良好行为习惯。①切实做好课题的研究。课题组成员调查了解本班学生（五年级）的习惯情况，进行学生实验初期的调查问卷并做出现状分析。制订学期的课题个人计划，并做好实验的准备。②针对本班聋哑学生所存在的具体问题，选择研究的方向。每位成员都要根据自己确立的方向，扎扎实实地在平时的工作中进行研究，组织课题活动。如有的教师认为家庭是人生的第一所学校，父母更是孩子的启蒙教师和行为楷模，所以父母良好的行为可以为孩子树立学习的榜样，让孩子自觉地接受。基于此，就要定期召开家长会，取得家长的协助，形成教育合力。有的教师认为聋哑学生具有向师性的特点，他们有一个共同的特征——对老师的依赖与信任感，他们视老师为自己的教导者和指挥者，而且对其小小的心灵而言，教师是高大的、无所不会的、无所不能的。因此，钦佩、崇敬、爱戴之心油然而生。从而他们就会去模仿教师的一言一行。因此教师要提高自身素质与修养，注重以身作则，潜移默化地带动聋哑学生形成良好的行为习惯。所以对聋哑学生进行行为习惯训练的同时，教师必须注重自身的各种素质和修养，言谈、行为必须为人榜样，文化修养、职业道德更是重要。如果只对学生讲这讲那，自己却做不到，就会导致学生产生混乱认识，因此不利于聋哑学生良好行为习惯的形成。

（3）教给方法，反复练习。习惯是培养出来的，而不是生来就有的，它是在人的生活实践中逐步形成的。它的养成有一个从生疏到熟练，再由熟练到“自动化”的过程，要完成这一过程必须反复训练，多多实践。对于具有身体缺陷的聋哑学生来讲，他们的记忆力、意志力都比较差，往往有些要求讲过了他们也记不住。对于每一项内容，首先要教给学生正确的方法，在此基础上采取多种方式组织练习，在多次的重复中强化正确的行为方式，从而使聋哑学生的认知水平得到提高，言行得到规范，不良行为得到矫正。

（4）开展各种活动，让聋哑学生在活动中接受教育。我们可以通过召开主题系列班会活动，如感恩他人、道德伴我行、懂文明讲礼貌、文明礼仪伴我行、团结之花开遍校园等，使聋哑学生受到良好的教育。鼓励学生每天读10分钟好书，养成良好的学习习惯。定期组织开展竞赛活动，激励学生做到快、静、齐，上、下楼稳步轻声，靠右侧通行，形成良好的安全行为习惯。

开展值周评比活动，激励他们养成良好的卫生习惯等。

（5）加强宣传阵地建设。我们还以板报、宣传橱窗、画展等形式对聋哑学生进行良好行为习惯的宣传，表扬行为习惯先进个人，弘扬好人好事，激励他们争做行为习惯小模范。

（三）结题阶段（2018年4—7月）

（1）此阶段共有三个步骤：①验收结题，提交研究报告，对研究进行验收评选。②整理案例及经验总结等原始资料。③撰写研究报告，提请有关部门进行课题鉴定。

（2）课题进入结题阶段后，课题组成员给学生发放了后期问卷调查表，对学生进行了后期测评，对数据进行了汇总分析，并进行了前、后测数据对比分析。对五年级课题实验学生的问卷调查结果如下。

内容			做到	基本做到	没有做到
礼仪	1	升国旗，奏国歌会自觉立正、行礼	95.3%	4.2%	0.5%
	2	见到长辈、老师主动问好，打招呼，同学之间团结友爱	80.3%	16.4%	3.3%
	3	会使用常用文明礼貌的手语跟人打招呼	81.8%	17.6%	0.6%
	4	到他人房间要先敲门，经允许后方可进入	76.5%	16.8%	6.7%
	5	不要乱碰别人的东西，借东西要还，拾到东西要归还失主或交公	94.1%	5.1%	0.8%
	6	少先队员自觉佩戴红领巾和校牌	88.4%	11.4%	0.2%
	7	诚实，不偷他人东西，知错就改	86.7%	12.9%	0.4%
学习	1	放学完成作业后再玩	85.9%	12.7%	1.4%
	2	能自己整理并爱惜学习用品	89.2%	10.6%	0.2%
	3	上课时专心听讲、积极举手发言，及时完成各科作业	72.1%	27.0%	0.9%
	4	读书、写字姿势正确	78.8%	19.8%	1.4%
	5	能做好课前准备，摆放好当堂的书本和学习用具	91.6%	8.4%	0
	6	上课前备齐学习用品，有事有病会告知老师	94.1%	5.5%	0.4%

续表

内容			做到	基本做到	没有做到
劳动卫生	1	勤洗头、洗澡、换衣、理发。早晚刷牙、漱口，饭前便后洗手	91.3%	8.5%	0.2%
	2	早睡早起，不贪看电视	86.8%	12.8%	0.4%
	3	不任性，不吃零食，不乱丢垃圾	82.3%	16.6%	1.1%
	4	学会扫地，擦桌子、窗户，当好值日生	90.0%	9.2%	0.8%
	5	不挑食物，多吃绿色蔬菜	87.1%	11%	1.9%
	6	会自己穿衣服，佩戴红领巾、系鞋带，自己的事情自己做	87.6%	10.3%	2.1%
安全	1	室内外不大声喧哗，不追逐打闹。轻声慢步靠右行	89.7%	9.9%	0.4%
	2	不打架，关心爱护小同学	94.8%	5.2%	0
	3	不玩火，不做危险游戏	94.8%	4.4%	0.8%
	4	不吃陌生人给的食品，不接陌生人的钱物	98.1%	1.3%	0.6%
	5	不下塘下河下堰洗澡、游泳	98.7%	1.3%	0

结题阶段还收集整理了教师课例集、论文集、报告等成果；对学生作品进行了收集整理。完成结题报告，并在学校推广、实验研究成果。

五、课题研究成果呈现

（1）课题组成员在课题研究中不断成长，教师的专业理论素养和教育教学能力不断提高，产出了一批较高质量的研究案例、教育随笔、论文集等。

（2）多方面地培养出聋哑学生的良好行为习惯，并逐渐把这些好习惯内化为他们的内在素质，从而促进聋哑学生健康、积极、和谐地成长。如五年级学生中较突出的问题是，在教师或班干部的督促下能做到在楼内经常追逐打闹的人数明显比以前少，乱扔垃圾的人数显著减少，浪费粮食的人数减少等。从对比分析中可以看出，学生养成良好习惯的意识普遍提高。

（3）归纳出聋哑学生良好行为习惯培养的有效方法。

① 强化课堂渠道，渗透习惯教育。我们把聋哑学生良好习惯的培养贯穿于各学科中，要求教师在备课中深入挖掘教材中蕴含的德育因素，按照各学

科自身的教学特点，在教学中进行潜移默化的德育渗透。要求各学科教案都应有德育教育的体现，并作为教案检查的重点。学校还将德育目标的达成作为评价课堂教学的重要指标，评价一堂好课的标准首先是看是否有思想教育的体现。教师们都自觉在教学中渗透良好行为习惯的培养。

② 创设活动载体，寓教育于活动之中。结合重要节庆日、纪念日组织宣传教育和实践活动，3月举行学雷锋活动，三八节进行感恩教育，清明节组织缅怀活动，安全日进行安全手抄报竞赛等。同时继续开展文明礼仪教育活动，引导聋哑学生养成好习惯。

③ 重视文化陶冶，环境育人细无声。学校把校园文化建设作为育人渠道和隐性课程，注重从各方面营造健康向上、活跃有序的校园文化氛围，全面规划校舍建筑、场地设施和校园环境，从教育性、知识性、艺术性出发，积极努力地构建校园环境的新形象，做到净化、绿化、美化，让每一面墙都说话，让每一处都成为教育学生的阵地，使学校的每一个角落都具有教育功能，形成了浓郁的教育氛围。

④ 班级常规育习惯。首先，每学期初做好收心教育，重点对学生进行“一则一规范”教育，围绕这个主题开展了内容丰富、形式多样的教育活动，如出推相关内容板报、举办主题班会等。其次，根据本班存在的主要问题，选择本班教育的重点，开展适合班级实际的各种形式的教育活动。晓之以理，动之以情，导之以行，反复抓，抓反复，扎扎实实地落实日常行为规范教育。

⑤ 以评价促习惯。在批改作业时巧妙运用微型评语培养学生的好习惯。制作聋哑学生良好习惯养成记录簿，记录学生在养成某个好习惯的过程中所遇到的困难、自己的想法及克服困难的心情和养成好习惯的措施，教师及时给予评价激励，促使其养成好习惯。

⑥ 寻求家庭支持，拓展习惯培养。课题组教师通过家访和电访的方式与家庭时常联系，沟通学生的表现情况并提出教育建议，召开家长会，向家长汇报学校教育情况，倾听家长意见，激发家长对学生养成好习惯的重视，得到家长认可。要求家长为特殊孩子提供机会，形成孩子自己的事情自己做，家里的事、别人的事帮着做，不负责任的事拒绝做等良好的家庭习惯教育氛围。

⑦ 联合社会力量，强化良好行为习惯培养意识。我们经常组织学生参加一些体验活动，如帮助打扫学校环境卫生、擦洗护栏、捡拾白色垃圾等，使环保宣传深入人心。通过一系列的体验活动，培养了学生的行为习惯意识。

（4）实验成效。

经过两年的课题实验，我们可喜地发现：在教师方面，聋哑学生良好行为习惯培养的研究促进了特校教师教育观念的转变，让行为习惯培养方法充满活力，不再是单一的说教。在实验过程中，课题组教师结合学生表现，通过多种手段对实验的学生进行分析、培养，定期总结培养学生行为习惯的方法和出现的种种情况，对好的培养方法及时地肯定和表扬，对表现出来的问题和不足共同商讨解决办法。另外，课题组教师结合自己的教育工作写了总结、随笔、反思，写出了课题研究方面的经验论文。在学生方面，我们发现学生的行为习惯转变了，自觉管理的能力增强了。行为习惯的表现由以往的他律变为了自律。课题促进了聋哑学生良好习惯的养成，学生的情感态度与价值观也在引导中得以不断的感染和丰富。他们学会了整理学习用具，课内能自觉守纪，培养出了自己的兴趣爱好，享受到学校生活的愉快，课间文明休息，注意自身的安全健康，养成了天天做操的好习惯，知道了礼仪的重要性，学会了集体交往礼仪，做到了交往得体，学会在游戏中礼让、礼貌待人、微笑、主动与他人打招呼、同学间相互帮助，对自己有帮助的人要表示感谢，养成了尊老爱幼的习惯，懂得爱护动植物，珍惜有生命的东西，对生活中美好的东西能有所反应，学会爱护身边的生活环境、主动捡拾垃圾、爱护公共财物等。尤为欣慰的是，我们实验班学生良好习惯的养成比非实验班学生有明显的提升。

六、实验结论

通过两年的实验研究，课题组教师的教育观念发生了重大转变，实验班聋哑学生的良好行为习惯得到提升。同时，我们还探索出了一些实验研究策略，总结汇集了一些研究成果，为今后聋哑学生行为习惯的培养开辟了一条路径。更重要的是，通过对“聋哑学生行为习惯培养的研究”，促使聋哑学生养成了较良好的习惯，校风、班风有所转变，校园呈现出新面貌。

七、存在的问题与今后努力的方向

（一）存在的问题

（1）课题组教师参与教育科研的主动性还需加强，科研能力还需提升。

（2）缺乏专家指导，影响课题进展。

（3）聋哑学生的日常行为习惯还需规范，努力变他律为自律。

（二）今后努力的方向

（1）进一步加大特殊教育教师的学习培训力度，创造条件，让尽可能多的特殊教育教师通过德育课题研究提升育人水平。

（2）良好习惯的培养，必须有一定的时间做保障，争取化繁为简，高效做课题。

（3）继续开发德育资源，争取各方面的教育力量，加强与社会、家庭的联系，加强特殊学生良好行为习惯的培养，取得家长的配合，形成教育合力，使聋哑学生变他律为自律。我们认识到良好行为习惯的形成并非一朝一夕之功，它需要学生长期努力，需要教师不断地督促引导。对特殊学生进行行为规范训练，必须持之以恒，像水滴石穿一样，一点一滴，经年累月，使养成教育真正变成学生的内在需要，促使他们自觉养成各方面的良好行为习惯。

现代信息技术在聋校数学教学中的应用与实践研究

梅州市特殊教育学校　冯伟君

一、课题的提出

（一）研究背景

现代信息技术是指以多媒体和互联网为代表的技术。当前，信息技术的发展正深刻地影响着社会的各个方面，也极大地促进了教育的发展，使教育手段和教育方式不断发生变革。

随着信息技术的发展，信息技术也越来越多地运用到学校的教育教学中。从2009年《关于进一步加快特殊教育事业发展的意见》，到2010年《国家中长期教育改革和发展规划纲要（2010—2020年）》，再到2019年《中国教育现代化2035》，国家出台了多份文件，加快推进信息化时代的教育改革。信息技术的发展极大地促进了教育的发展，使教育手段和教育方式不断发生变革。随着信息技术和特殊教育的发展，信息技术也越来越多地运用到特殊教育学校的教学中，为特殊教育现代化提供有力的支持。

聋校义务教育阶段的数学课程是培养聋生数学素养的基础课程，具有基础性、普及性、系统性和应用性等学科特性。数学课程能使聋生掌握必备的数学基础知识和基本技能，培养聋生的抽象概括能力和逻辑推理能力；发展语言表达能力和社会沟通能力，为聋生适应现代化、信息化、网络化、数字化的社会环境和更好地生活、工作与学习奠定坚实的基础。由于听觉障碍既严重影响聋生的语言发展，又严重影响聋生理解能力和抽象概括能力的形成，给数学学习带来困难。因此，如何发挥聋生的视觉认知优势，结合计算机技术，通过动作思维和形象思维，因势利导地培养聋生的数学素养，是聋校义务教育阶段数学教育必须解决的问题。《聋校义务教育数学课程标准（2016年版）》明确规定：聋校数学课程的实施要合理利用现代科学技术和网络化、数字化的信息平台，凸显信息技术、学习辅具与课程内容的结合，注重实效。由于受到自身听力系统缺陷的影响，聋生的思维特点是思维内容具体，多以形象思维的内容作为对象。实践证明，在聋校数学教学中，根据教学内容的特点和聋生年龄及生理特征，科学运用信息技术能使抽象的数学问题具体化，枯燥的数学问题趣味化，静止的数学问题动态化，复杂的数学问题简单化。把深奥的内容浅显化，便于聋生记忆，也便于聋生信息的存储，利用信息技术恰恰能补偿学生自身缺陷所带来的不便，将枯燥无味的数学教学活动变为生动有趣的动画观察活动，增强学生探究的欲望和主动学习的意识。信息技术在聋校数学课堂上的有效应用，有助于学生通过视觉思维认知数学，学好数学，发展数学思维能力，有利于提高聋校数学课堂的实效性。将信息技术资源有效融入聋校数学的教学过程中，把现代信息技术作为聋生学习数学和解决问题的强有力工具，把信息素养的培养渗透到聋校教育的全过程更是特殊教育发展的必然趋势。

总之，信息技术走进聋校课堂，给数学教学带来了生动活泼的新局面，开辟了聋校数学教学的新天地，丰富了课堂教学，提高了听障学生课堂学习的兴趣，达到了事半功倍的教学效果，同时也是对听障学生很好的缺陷补偿。综上所述，开展现代信息技术在聋校数学教学中的应用与实践研究有着十分重要的意义。

（二）研究现状

在21世纪的今天，信息以空前的速度和不断变化的容量渗透到社会的各个方面。随着计算机和网络应用的普及，随着信息技术的发展，信息技术也被越来越多地运用到学校的教育教学中。信息技术已成为一种重要的辅助教学手段，信息技术与教育教学的有效融合也成为一个全新的研究领域。自21世纪以来，信息技术与普校各学科课程有效融合的课题研究已经在全国中小学广泛开展，与此同时，信息技术也越来越多地运用到特殊教育学校的教学中，为特殊教育现代化提供有力的支持。通过检索分析发现，在国内特殊教育领域中，目前由黄建行、雷江华主编的《信息技术在特殊教育中的应用》一书全面系统地介绍了深圳元平特殊教育学校信息化建设与应用的实践经验。但有关信息技术与聋校数学课程深度融合应用方面的研究却相对缺乏，特别是信息技术与聋校数学新课程标准的融合创新探索更是处于初级阶段。在教育部先后出台《教育部关于印发〈教育信息化2.0行动计划〉的通知》（教技〔2018〕6号）和《教育部关于实施全国中小学教师信息技术应用能力提升工程2.0的意见》（教师〔2019〕1号）的背景下，信息技术与聋校数学课程整合必然会遇到更多新问题，需要更加深入的研究和探索。例如，信息技术作为一种技术手段，如何有效应用于聋校数学课堂教学，优化教学过程；如何把信息技术作为一门课程实施于聋校课堂教学，实现课程育人，提升学生信息素养；如何把信息技术作为一种文化助力聋校课堂教学，打造智慧校园，促进泛在学习；如何把信息技术作为一种理念更新师生思维，利用资源平台促进教学理念从“教”转向“学”，吸引聋校学生从被动学习转向主动学习，创新行为模式，强化深度学习等，这些都有待我们去研究。

（三）创新之处

本研究项目拟从理论与实践结合上进行探讨，其重点是以“信息技术”

为载体，探索一条适合聋校应用的信息技术与数学课程整合的教育教学模式。注重信息技术与学科整合的同时，重视聋生的缺陷补偿和潜能开发，以大面积地提高教学的质量和效率。同时将聋校数学教学中积累的信息技术整合应用经验，在聋校其他课程中推广，真正使参与教学的教师们都能体验到运用信息技术提高课堂效率的快乐。

本研究项目可为特殊教育新课程标准实施过程中如何运用好信息技术这一关键问题带来感性积累和经验方法，不断丰富新课改的理论与实践体系。对信息技术在聋校数学课程中运用的内在规定性、实施路径等进行理论创新，进一步丰富其内涵和共享平台资源，大力推进信息技术与聋校数学教学的有效融合。

（四）研究目的和意义

随着现代科学技术的不断发展，信息时代不仅极大地改变着人们的生产方式，而且极大地改变着人们的思维方式和学习方式。现在的中小学校园，信息技术与教学改革、信息技术的应用和学科的优化已经成为人们关注的焦点。随着新课程改革的不断深入，现代信息技术已广泛运用于特殊教育数学课的教学中。本课题的研究目的和意义主有如下几个方面。

（1）让信息技术作为一种技术手段应用于聋校数学课堂教学，辅助了教师授课，优化了教学过程，提高了课堂教学效果。

（2）信息技术恰当应用能为特殊儿童提供很好的缺陷补偿，丰富了课堂教学，提高了听障学生课堂学习的兴趣。

（3）信息技术作为一门课程实施于课堂教学，实现课程育人目标，提升学生信息素养，培养学生的终身发展能力。

（4）信息技术作为一种理念更新师生的思维，创新行为模式，强化深度学习。信息技术作为教学方式的变革，不仅仅是把现存的教学资源搬到网上来简易呈现，更是利用资源平台促进教学理念从“教”转向“学”，吸引学生从被动学习转向主动学习，引导师生共同从“知道、理解”的浅层学习向“应用、分析、评价、创造”的深度学习迈进。

二、课题的申报和立项

2018年12月，本课题组以“现代信息技术在聋校数学教学中的应用与实践”作为研究课题正式向广东省教育科学“十三五”规划办申报立项并成功，课题批准号2019YQJK263。研究时间为2019年5月至2021年4月。2019年5月接到立项通知后，课题负责人与课题组成员召开多次预备会，反复研讨，邀请专家评议指导，并于2019年9月初正式开题。

三、课题组基本情况

课题负责人：冯伟君

课题组成员：李燕、张慧琳、阙柳平、李文清、罗文璟、温洁明、白慎冰、杨甲良、朱海标、林合惜、郑暖暖、林惠敏

四、研究方案

（一）研究方法

本课题主要以行动研究法为主，同时辅以文献法、调查法、案例研究法和经验总结法。

课题负责人带领本课题组成员立足课堂教学实践，加强学习现代教育教学理论，学会反思、学会批判，在实践中边学习边总结，一方面提高自身专业素养，另一方面提高课堂教学质量。把学习的主动权交给学生，做好教师角色的转换，把自己培养成学生学习的组织者、研究者、指导者和参与者，让课堂焕发出生命力。通过研究信息技术在聋校数学课程整合中的“学与教”的教学设计、教学过程、教学效果的完整过程，探索出一种适合聋校应用的信息技术与数学课程高度融合的教育教学模式。

（二）研究措施

充分利用校园网络系统、多媒体网络教室以及广东省特殊教育名教师工作室平台资源，与汕头市聋哑学校和五华县特殊教育学校等单位合作共建科研团队及实践基地，发挥年轻教师的主观能动性，有效发挥教师特长，保证课题正常、有序、有效地开展。

（三）研究过程

本课题以“现代信息技术在聋校数学教学中的应用与实践”为题，以学生为主体，以教师为主导，以有效的课堂教学为主，以信息技术为载体。结合校园教育教学实际，立足教学，以课堂为主渠道，在资源共享和教学手段

上发挥网络环境优势，体现课程的即时性和“双向交流性”。与校园综合教改和课程改革相结合，在课改中发挥信息技术的优势，通过调查、分析、研究、反思、实践、总结的研究思路探索现代信息技术在聋校数学教学中的有效运用途径。

（四）实施步骤

第一阶段：准备阶段（2018年11月—2019年4月）

（1）成立课题组，确定课题负责人和课题组成员。

（2）查阅相关的书籍和资料，收集整理有关信息，组织课题申报，填写课题立项申请。

（3）撰写开题报告，进行课题的开题论证。

第二阶段：实施阶段（2019年5月—2021年4月）

（1）2019年5—9月召开课题开题报告会，对课题进行调研、分析，制订实施方案、计划。

（2）2019年9月—2021年4月开展课题研究，聘请专家进行指导、培训。对本课题组研究状况进行交流、研讨、总结，并结合实际进行调整。

① 学习理论：课题组成员在研究过程中不断学习新的教育理论、现代信息技术理论和《聋校义务教育数学课程标准》，完善课题组成员的教育理念。

② 收集资源：课题组成员利用课余时间收集网上适合聋校课堂教学使用的集教学设计、课件与典型课例于一身的有关信息技术应用的资源，并建立起一个方便聋校数学教师应用的资源库。

③ 开展活动：在课堂教学中进行信息技术和课堂教学有效融合的实践；到省内外兄弟学校听课交流，参加特殊教育学校同课异构教学交流活动；参加各级教育信息技术应用课程培训；积极参加各级各类特殊教育教师信息技术综合应用能力大赛和论文比赛。

（3）2020年4—6月为中期评估阶段，反思总结，调整方案。

（4）2020年7月—2021年4月深入研究，深入实践，整理研究材料。

第三阶段：课题结题阶段（2021年4—6月）

按课题的要求，进行资料汇总，收集整理研究成果，撰写结题报告，申请结题。

五、课题研究成果

（一）论文

课题组成员在课题实践中把自己的心得体会总结成文字，目前已撰写与课题相关研究的论文共16篇，其中15篇公开发表，且有一批论文获奖，如下表所示。

序号	作者	论文名称	公开发表时间	发表刊物名称
1	冯伟君	现代信息技术在聋校数学教学中的应用	2020年5月	《成才之路》
2	冯伟君	信息技术在聋校数学图形与几何教学中的应用	2020年7月	《中国教工》
3	白慎冰	教育游戏在聋校信息技术课程中的应用策略	2019年11月	《年青人》
4	白慎冰	信息技术环境下聋生在线学习的模式分析	2020年2月	《中国教师》
5	李文清	多媒体课件在聋校一年级数学课堂中的应用	2019年11月	《教育理论研究》
6	李文清	运用信息技术，优化聋校数学课堂教学	2020年11月	《中小学教育》
7	李燕	现代信息技术在聋校数学教学中的运用与实践	2019年8月	《电脑乐园·信息化教学》
8	李燕	微课在聋校教育教学中的制作	2020年1月	《读天下》
9	阙柳平	浅谈现代教育技术在聋校数学课堂中的应用	2019年10月	《速读》
10	张慧琳	多媒体教学一体机在聋校数学课堂中的整合运用	2020年1月	《成长》
11	张慧琳	信息技术在聋校数学教学中的运用	2020年	《启迪》
12	杨甲良	信息技术在聋校数学课堂中的应用探究	2020年2月	《中国教师》
13	温洁明	多媒体在特殊教育学校课堂教学中的应用及思考	2020年8月	《学校教学研究》
14	朱海标	浅谈信息技术在聋校数学课堂中的运用	2020年10月	《中小学教育》

续 表

序号	作者	论文名称	公开发表时间	发表刊物名称
15	罗文璟	现代信息技术在聋校函数教学中的应用	2021年2月	《课堂内外》高中版
16	郑暖暖	利用微课促进新教师专业化发展	2020年	在研讨会宣读交流

（二）典型课例

课题组成员在课题研究过程中制作了18篇有关“信息技术在聋校数学教学中的应用”的典型课例（已刻录光盘），如下表所示。

序号	课例名称	作者	备注
1	“长方形的周长”	白慎冰	
2	“比例的应用”	李文清	
3	“平方差公式”	李燕	
4	“圆的周长”	李燕	
5	“5的认识和组成”	林合惜	
6	“九九乘法口诀”	林合惜	
7	“同位角、内错角、同旁内角”	林合惜	
8	“角的初步认识”	林惠敏	
9	“口算乘法”	林惠敏	
10	“3.2.1对数函数”	罗文璟	
11	“小树有多少棵”	阙柳平	
12	“赵州桥”	温洁明	
13	“解一元一次方程”	杨甲良	
14	“两位数减两位数（不退位）”	郑暖暖	
15	“连加”	郑暖暖	
16	“吃西瓜”	朱海标	
17	“1000以内数的读写”	张慧琳	
18	“同数连加”	张慧琳	

（三）教学资源库

课题组成员通过收集信息技术和数学课程整合的一些资源，包括教案与教学设计、课件、试题、整合课例、专题网站等，经过筛选、整理，初步建成一个资源库。其中收录各类适合我们教师或学生使用的资源，在这里，教师可以按需查阅、调用、上传、下载相关的教学资源和教学视频，大大节约了教师的宝贵时间和精力，提高了资源搜索的有效性。另外，梅州市特殊教育学校于2021年成功申请成为梅州市中小学教师信息技术应用能力提升工程2.0的试点校，根据《梅州市中小学教师信息技术应用能力提升工程2.0实施方案》的要求，梅州市教育云支撑中心将通过常态化录播应用系统的建设，快速实现"教学资源互联互通"，充分发挥名校名师辐射、引领、带动作用，实现"一校带多点，一校带多校"的教学和教研组织模式，快速形成丰富的校本优质同步教学资源，促进教师教学水平与学校学风的提升。

（四）调查报告

为了更好地开展"信息技术在聋校数学教学中的应用"课题研究，课题组利用问卷星，设计了"你对信息技术在课堂教学中的应用态度；在数学课堂中使用信息技术对于提高学生的兴趣；你的信息技术应用水平；你平时教学中使用信息技术的情况和效果如何"等问卷题目，于2019年通过网络平台发给特殊教育学校的教师进行了一次问卷调查。本次问卷发放后，共有68人参与答题。这68人中，年轻数学教师占30人，达到44.12%；认为数学教学中动态演示很有必要的有40人，占58.82%，另外28人认为几乎每节课都需要使用，占41.18%；在数学课堂中合理使用信息技术对于提高学生的兴趣认为效果明显的有63人，占92.65%。

通过对调查数据的统计分析，我们发现了以下信息：①信息技术与数学课堂整合得到了大部分特殊教育教师的认可。②将信息技术与聋校数学课堂教学整合进行有利于激发学生的学习兴趣，能更好地吸引学生的注意力。③信息技术与课堂教学的有效融合，能促进学生对知识的理解和记忆，有利于学生的自主探究学习，有利于全面提高课堂教学效率。④部分特殊教育教师应用信息技术能力较弱，要加强组织相关培训，不断提高教师的信息素养，要精心设计和制作画面优美、色彩丰富、形式多样的课件，以满足听障学生主要依靠视觉来接收外在信息的特殊需要。⑤在特殊教育学校开展"信息技术在聋校数学教学中的应用"课题研究具有很强的现实意义，通过研究，更加明确了信息技术在聋校数学教学中应用的重要性、必要性和可操作性。

（五）教师的成长

通过课题的研究，课题组成员的理论水平得到提高，教学能力得到提升，运用信息技术的能力得到进一步发展，在进行信息技术与课堂教学的整合上也积累了较多的经验，科研能力也有了较大的提高。课题组成员在课题研究期间所取得的成绩如下表所示。

成员名单	获奖时间	奖项名称	等级
温洁明	2020年8月	梅州市优秀教学工作先进教师	市级荣誉
	2020年12月	论文《多媒体在特殊教育学校课堂教学中的应用及思考》获梅州市教育教学论文比赛	一等奖
白慎冰	2020年12月	论文《浅谈有效提高特殊教育学校信息技术的教学效益》获梅州市教育教学论文比赛	市级 一等奖
	2021年4月	论文《教育游戏在聋校信息技术课程中的应用策略》获学校信息技术教育教学论文比赛	特等奖
冯伟君	2020年12月	论文《现代信息技术在聋校数学教学中的应用》获梅州市教育教学论文比赛	一等奖
	2021年4月	论文《信息技术在聋校数学图形与几何教学中的应用》获学校信息技术教育教学论文比赛	特等奖
	2021年8月	梅州市优秀教育工作者	市级荣誉
	2021年7月	广东省中小学（2021—2023）名教师工作室主持人	省级荣誉
李文清	2020年8月	梅州市优秀教师	市级荣誉
	2020年12月	论文《运用信息技术，优化聋校数学课堂教学》获梅州市特殊教育教学论文评比	二等奖
张慧琳	2019年	在全国中小学教师信息化教学设计能手大赛中荣获教学设计评比小学组	国家级 三等奖
	2020年12月	《在聋校数学课堂中培养聋生的自信》获梅州市教育教学论文比赛	二等奖
	2021年7月	第八届梅州市中小学生班主任专业能力大赛	三等奖
	2018—2020年	2018—2019学年度优秀班主任 2019—2020学年度优秀教师	校级

续表

成员名单	获奖时间	奖项名称	等级
阙柳平	2019年8月	梅州市优秀班主任	市级荣誉
	2020年12月	论文《浅谈聋校低年级数学应用题教学策略》获梅州市教育教学论文比赛	二等奖
	2021年4月	论文《现代信息技术在聋校数学课堂中的运用》获学校信息技术教育教学论文评选	一等奖
罗文璟	2020年12月	论文《利用数形结合思想解决聋校二次函数教学中的问题》获梅州市教育教学论文评比	一等奖
	2021年3月	论文《现代信息技术在聋校几何教学中的运用》获梅州市中学数学教育优秀论文评选	一等奖
	2021年4月	论文《信息技术与聋校高中数学教学融合创新的探索》获学校信息技术教育教学论文评选	一等奖
林惠敏	2019年	汕头市优秀班主任	市级荣誉
	2020年	教育案例在广东省“我劳动，我快乐”主题教育活动中获	一等奖
	2020年	论文《遇见特教，放飞梦想》获汕头市教育教学论文	三等奖
郑暖暖	2019年	汕头市聋哑学校微课竞赛	二等奖
	2019年	汕头市聋哑学校教育案例作品评选	二等奖
	2021年	汕头市聋哑学校教师教学能力讲课比赛	特等奖
杨甲良	2020年12月	论文《信息技术在聋校数学课堂中的应用探究》获梅州市教育教学论文比赛	二等奖
	2021年4月	2020年度优秀共产党员	党支部
	2021年7月	2021年度优秀教师	校级
朱海标	2020年10月	《浅谈信息技术在聋校数学课堂中的应用》获“全国中小学教育研究”	国家级一等奖
林合惜	2020年5月	案例《每种色彩都应该盛开》荣获汕头市特殊教育教师育人案例评选	三等奖
	2020年7月	课堂实录“蒲公英的旅行”荣获汕头市特殊教育数字资源征集评选活动课程教学类	二等奖

六、结论与建议

（一）存在的问题

通过两年的课题研究，我们虽有很多收获，但也存在问题和困难。主要如下。

（1）对于信息技术与聋校数学教学的融合，目前大部分教师还只是停留在辅助教学的阶段，实现了教师教学方式的一些改变，但在学生利用信息技术自主学习方面的研究和探索不够，也就是在学生的信息素养方面还要加强培养和不断提高。

（2）教师的信息素养还有待提高。学校虽然一直坚持对教师进行计算机应用能力的培训，但教师对运用计算机的熟练程度还不是很高，如收集、筛选和处理信息的能力，课程开发和整合的能力，信息技术与教学有机结合的能力等都有待提高。

（3）学校还应加大投入，不断完善信息技术的软硬件建设，保证各班“班班通”能正常使用，为信息技术与学科课程的整合提供保障。

（4）资源库的功能还有待进一步完善，内容也要不断地进行充实。

（二）课题研究的启示

（1）加快转变特殊教育学校和教育机构决策者的理念，提高特殊教育管理的信息化水平。教育信息化是对传统教育的一种革命，不等于简单的教育网络化，而是要推进信息技术与教育教学实践活动的深度融合。因此，教育信息化的关键是教育思想、教育理念的转变，要充分理解教育信息化建设的内涵和发展趋势。

（2）加快提高特殊教育工作者尤其是一线骨干教师利用信息化技术进行教育和教学的能力。推进信息技术与聋校数学教学的有效融合，不仅需要教师有良好的收集、传递、处理信息的素养，而且需要教师用先进的教育理念做指导，结合教学能力和研究水平，精心地对教学内容进行选择，设计出优秀的融合案例，在实践中关注学生数学思维和数学能力的发展，如此才能使信息技术与聋校数学教学实现最佳融合。

（3）加快优质教育资源的交流和共享，是国家互联网行动和大数据行动的共同目标。要结合教育部《教育局关于印发〈教育信息化2.0行动计划〉的通知》和《教育部关于实施全国中小学教师信息技术应用能力提升工程2.0的意见》的精神，积极推进信息技术2.0提升工程试点校建设，实行整校推进，准确把握“三全两高一大”的目标任务，进一步推动教师主动适应信息化、人工智能等新技术变革，积极有效地开展教育教学，全面提升教师的信息技术应用能力，促进教师教学水平与学校学风的提升。

第四章 经验总结

名师平台引领专业成长

梅州市特殊教育学校　李俊庭

转眼间，工作室三年的光阴匆匆而过，回首这三个学期，在工作室主持人冯伟君副校长的领导下，在工作室团队的互相帮助和共同学习下，通过参与各项活动，基本完成了工作室的预期目标和自己制订的研修计划。三年来，我感受到这个集体给我带来的欢乐与收获，也让我在这个团队中成长。三年来，我收获了很多，同时也看到了自身的不足。回顾自己三年来走过的历程，感觉既忙碌又充实，感受颇深，收获不少。

一、学无止境，不断提升特殊教育理论水平

三年中，我参加了工作室组织的到青岛、福州、厦门、泉州、龙岩、汕头、潮州、韶关、清远、茂名、阳江等地的跟岗学习观摩活动，与名校名师面对面切磋交流，收获满满，并写了学习感悟。工作室里浓浓的学习氛围深深地吸引着我。在名师的引领和同伴的感染下，我的学习观也发生了很大的变化。在平时的工作中，我坚持理论学习，不断提升自己的教育理论素养，加强理论联系实际的应用，利用所学来指导具体教学。我觉得每一次都有很大的收获。教学反思是形成教学智慧的重要方式，也是教师专业提升的有效途径。我在学习的同时注重联系实际，把先进的理念做法搬进课堂，随时反思，积极撰写教育随笔；三年来撰写的4篇论文先后发表。“活到老，学到老”，道出了人生要不断学习的真谛。名教师工作室为我的学习、发展和创新提供了机会，提供了平台。名教师工作室为我的成长增加了前进的动力，从某种程度上激发了我的学习热情。通过参与名教师工作室的各种学习，开阔了教育教学的视野，提升了自己；不断地充实自己，更好地进行教育教学实践。

二、学以致用，提升实践中的教学教研能力

"学而不用则废，用而不学则滞"，要将学到的理论在实际中运用，使其变为自身的专业能力，所以要把工作室中所学的理论与方法付诸教学实践。

1. 主动参与课题研修

工作室提倡开展课题研修，我于2017年12月主持广东省教育系统关工委"十三五"教育科研规划（2017年度）青年专项课题"多媒体技术在特殊学校数学教学中的作用"。我带领课题组人员积极与同行开展课题交流活动，深入课堂教学一线，积极到各县特殊教育学校进行调研、交流，认真撰写相关总结和论文，在全体课题组教师的努力下，于2019年7月顺利结题。通过参与课题研修，结合我校实际，积极进行探索，不断地分析、讨论，总结出一套适合我们学校学生特点的实用有效的教学方法，让学生利用多媒体，实现轻松、快乐地学数学的愿望。

2. 充分优化课堂教学效果

在日常的教学中，我认真钻研教材，潜心研究教法，分析教材的重点、难点，认真备好每一堂课，上好每一堂课。课堂是主阵地，是提高教学质量和提升学生素养的关键。为了抓好课堂教学，我运用工作室所学理论，大胆创新，开展自主教学，课堂上让学生先做先试先说，不怕学生出错；充分利用学习小组进行交流、合作、互助，把教学改革的新理念真正落实在课堂上。我以自己对学生的尊重和对工作的认真负责，赢得了老师和学生的信任，所教班级的教学效果显著。

三、收获满满，不断总结，继续前行

在为期三年的学习成长期内，自己不断去学习、去总结，积极参加各类各项比赛，收获良多，锻炼了自己，提高了能力。如：2017年3月撰写的论文《微课在聋校数学教学中的运用》在《新课程》发表；2018年5月撰写的论文《交互式电子白板在聋校数学课堂教学中的作用》、2018年8月撰写的论文《浅谈聋校中年级应用题的教学》、2019年4月撰写的论文《多媒体技术在特殊学校数学教学中的作用》分别在《学校教育研究》一书发表，均获得国家级一等奖；2018年10月，参加"华渔杯"全国中小学教师信息化教学设计能

手大赛，2个教学设计、2个多媒体课件均获全国最佳人气奖；2018年被梅州市教育局评为“年度考核优秀教师”“优秀德育工作者”；2019年被评为小学高级数学教师；2020年被学校党组织评为“学校优秀党员”。在收获成功的同时，我也看到身上存在的不足，在特教的道路上不断地提高自己，为残疾学生奉献自己的力量。

在以后的工作中，我们将根据工作室的职责和要求，继续发挥名优教师的引领、示范和辐射作用，把先进的教育理念、独特的教学风格、精湛的教学技巧、科学的教学方法辐射到普通教师的教学中，促进教师专业化发展，全面提高特殊教育教学质量。让我们向着“谋求专业高位发展，享受教育幸福人生”的美好愿景一路同行！我们坚信来年会更充实，收获会更多！

学习多样化，实践促成长

梅州市特殊教育学校　李燕

时光荏苒，白驹过隙，加入广东省特殊教育冯伟君名教师工作室这个温暖的大家庭已经三年了。这三年是我教育生涯中最珍贵、成长最迅速的三年。在三年的参与中，师傅底蕴深厚、热心教育的魅力感染着我，工作室伙伴们孜孜以求、勤于实践、勇于探究的风尚激励着我。我的特殊教育教学技能日臻成熟和完善，课堂驾驭能力日益突出，教育教科研能力逐步提高。特别是在师傅的指导下，我逐渐提高了驾驭课堂的能力，明确了特殊教育教学的真谛，慢慢懂得了如何成为一名合格又优秀的特殊教育教师。

一、师德高标准

三年来，我时刻以名教师工作室学员的标准来严格要求自己。思想上要求上进，业务上刻苦钻研，能认真履行教师职业道德规范，注重自己的师德形象，以身作则，为人师表，教书育人，循循善诱。2018年年度考核优秀，

2020年1月年被红梅志愿者协会评为“优秀教师”，2020年5月被共青团评为“梅州市科教系统优秀共青团干部”。

二、学习多形式

在成为广东省特殊教育冯伟君名教师工作室入室学员后，我认真分析自己的优势和不足，并根据工作室的目标制订三年发展规划和年度的学习、工作计划，明确了专业发展方向。为了能在三年的名师培训中尽快成长，我在平时注重学习先进教育理念，不断地充实自己，积极参加省、市和学校组织的各类教研活动，珍惜每一次教师培训，尤其是名教师工作室的培训。平时能坚持阅读工作室推荐和下发的专业书籍以及其他教育教学方面的报纸杂志，底蕴在阅读中厚实，理念在思辨中提升，思考在碰撞中深入。

三、实践付行动

课堂是教师最为宝贵的研究原野，提升教学力是教师永远的必修课。在师傅的引领下，进行“本体性教学内容”的开发、各类文体教学研究，基于特殊儿童发展的数学建模思想，立足特殊儿童立场、关注数学本质、聚焦专题研究、彰显课堂特色，是我课堂追求的目标。对小学数学教材进行教材本体性教学内容的筛选，使我更加明晰教什么；对各类文体教学的实践、探索、研讨，使我搞清楚了怎么教；走进各类赛课，参与、指导是前行的足迹，是智慧的结晶。每学期我争取上好一节校级以上公开课，三年内都能达成目标。在工作室每次的课堂教学研讨活动中，我从青涩逐步走向了成熟，“头脑风暴”式的评课研讨越来越显示出研究的智慧与深度，是工作室这样快节奏的活动锻炼了我。多媒体课件“圆的周长”在2019年“华渔杯”全国中小学教师信息化教学设计能手大赛中荣获多媒体课件赛项一等奖。2019年12月12日在河源博爱学校举办的深圳元平特殊教育学校对口粤北地区特殊教育教研支援活动中，我上的一节同课异构公开课得到专家和同行们的一致好评；2020年7月9日作为“广东省特殊教育冯伟君名教师工作室”的入室学员跟随团队到五华县特殊教育学校送教下乡，我代表工作室上了一节示范课，五华特校师生反响良好，起到了很好的示范、辐射作用。

四、课题促成长

新时期的教师需要一定的科研意识和能力，我先后参加了几个课题的研究，现在能够掌握课程改革和教育发展的最新动态，积极组织并参与课程改革及课题的研究工作，取得了一定成绩。研究促使自己不断地进行反思。近三年，我撰写的教育教学论文及所获成绩有：《在聋校数学教学中渗透美学教育》在《最漫画·学校体音美》2018年第32期发表（国内统一刊号：CN42-1823/J）；《美术元素在聋生数学教学中的运用》被《中外交流》刊用（国内统一刊号：CN50-1016/G0）；《现代信息技术在聋校数学教学中的运用与实践》在《电脑乐园·信息化教学》2019年8月发表（国内统一刊号：CN45-1239/TP）；《聋校班主任班级管理的策略》在《新作文》教研版2020年第1期发表（国内统一刊号：CN14-1274/G）；《微课在聋校教育教学中的制作》在《读天下》2020年第2期发表（国内统一刊号：CN22-1401/G2）。研究促使自己不断地成长。工作室三年的研修实践助力我成为一名更优秀、更专业的特殊教育教师，2020年我从小学一级教师顺利晋升为小学数学高级教师。

五、资源广辐射

三年的参与，让我明白了名教师工作室不仅是我学习、发展的加油站，同时也是我校特殊教育教师团队学习、发展的加油站。我作为桥梁，以点带面，积极参加学习、培训、研究，成长、提升、造就我校的数学教研团队。作为学校数学教学骨干教师，我能积极探索数学学科校本教研新模式，带领数学组的教师一起积极参与学校数学课程资源的建设，努力打造数学强势学科。多方面热情关心青年教师成长，能主动地为青年教师上示范课，经常深入课堂听课，为他们做教材分析和教法探讨，还能尽力为他们展现才能争取机会、创设舞台，使他们成为教学研究的主角。三年中，指导青年教师曾梅平、廖玉婷、宋利芳、罗文璟等在市级各类赛课活动中获一、二等奖；指导实习生陈敏、蔡碧琴等，带领她们走进特殊教育课堂，学习并积累特殊教育教学及管理经验。

三年的时光如白驹过隙，既有收获也有惆怅，但一切都因为有了师傅的引领而让自己更加明晰自己的特教人生之路，因为有了工作室那一群特教人的交流和努力而显得更加坚实。在新的年岁里，就让沿路撒下的花种继续烂漫，我们寻找一条新的岔路从零开始；就让脚下的路途继续延伸，我们在前方的驿站画一个饱满的逗号；在新的年岁里，真心希望自己能谋划新的期盼，延续新的辉煌；让我的特教人生依然因为坚定的守望而越发充实。

三年学习总结

汕头市聋哑学校　林合惜

三年前，我有幸加入广东省特殊教育冯伟君名教师工作室这个温暖的大家庭，三年的名教师工作室研修即将结束。回顾自己三年来走过的历程，感觉既忙碌又充实，感受颇深，收获不少。

一、专业引领，用心体验

三年中，我参加了工作室组织的在省内各市的特殊教育学校及福建省各市特殊教育学校的学习观摩活动，聆听了各种专业的讲座，与国家级名师面对面切磋交流，收获满满，并写了学习感悟和心得体会，积极撰写教育随笔。

网络是当今学习的另一个重要平台，其信息量大、学习资源丰富、共享互动性强。网络教育的各种资源跨越了空间距离的限制，通过工作室的微信群，学员们经常在群里分享特教资源，共同成长。

二、用心教书，用爱育人

记得刚加入工作室时，工作室主持人要我们每个核心成员写一句自己的座右铭，我当时写的是：用心教书，用爱育人。这三年来，我就是用这句话时时鞭策自己、激励自己的。在这里，我想用自己的亲身经历来诠释这八个字。

作为一名特殊教育教师，我坚持为人师表，在思想上、行为上严于律己，关心、爱护每一位听障学生，尊重学生的人格，促进听障学生全面、健康发展，受到学生们和家长们的好评。为了高标准地完成教学任务，提高特殊教育质量，每学期初我都积极钻研教材教法、教学大纲，编写出具有针对性、导向性、目的性的教学计划。我认真备好每一节课，充分利用聋生的个性特点，用贴合生活实际的教学方法引导学生的学习兴趣。以素质教育为导向，积极采用启发式、讨论式等重“导”轻“灌”的教学法，培养了聋生的自学能力，拓宽了聋生的思路，发展了聋生的创新思维。同时，运用多媒体教学设备，采用灵活多样的教学方法，生动了课堂教学，优化了教学质量。

对于班上的优等生，我额外给他们“加餐”，教育他们不要骄傲，帮助他们树立远大理想。对于差生，我鼓励他们不要灰心泄气，让他们树立起战胜困难的信心，并且给他们“开小灶”，帮助他们制订进步计划。通过挖掘闪光点、扶持起步点、抓住反复点、促进飞跃点，使他们从自暴自弃中醒悟过来，变后进为先进。

听障学生以形象思维为主，模仿力强，受身边人影响大，榜样示范教育对他们是十分有效的教育方法。以教师、学生干部、优秀学生的优秀品质去影响他们的思想、感情和行为，对学生具有更大的说服力、更强的感染力。因此我充分发挥优等生的作用，借助优秀学生的榜样力量为他们树立标杆，开展“一帮一”助学促学活动，以加速后进生的转化，强化优等生的能力。通过不懈的努力，每学期我都能让自己所培养的优生、差生取得不同程度的进步，提高了整体教学效果。

三、投身教研，以研究推动教学工作

在信息发展日新月异的时代，只有不断学习，方能跟上时代的步伐。这三年来，我阅读了大量关于特殊教育的书籍，如《促进沟通的视觉策略》《听力障碍学生教育教学研究》《聋人双语双文化教学研究》《特殊儿童心理与教育》等，努力丰富教育教学理论知识，并将理论运用到实践中；此外，在工作室主持人的带领下，积累了许多宝贵的经验，投入学校组织的科组教研活动中，向经验丰富的老教师讨教经验，提升教学技能；在工作室的引领下，我积极参加本校的课题研究和实验项目研究等教科研活动，近年来共参与包括“提升听障儿童学习效果的音乐渗透式教学模式研究”“基于非遗文化剪纸艺术作为聋校职业教育课程的开发与研究”“聋校体育课程建设的策略研究”等在内的省级、市级课题共6个，通过研究寻找解决教育教学问题的突破口；结合教学实际，撰写教学论文，总结经验，不断提升自身水平。

四、岁月朗朗，结伴同行

我和我的小伙伴郑暖暖都是带班教师，但我们一有空闲便会就工作上、学习上的问题进行沟通和交流，共同学习、共同进步。

三年来，我和同伴将自己在名教师工作室中学到的知识用于自己的教育教学工作中，收获颇丰。修正对课堂教学改革的片面理解和认识，力争处理好继承与创新的关系，校正课堂教学的弊端，真正落实“为了一切学生，一切为了学生，为了学生的一切”的课堂灵魂。

五、工作上的不足和今后努力的方向

时光流逝，不知不觉三年过去了，一路走来，我过得充实而快乐。工作室的每一次研讨活动都带给我诸多思考与收获，让我在学习中成长并在自我激励中坚持学习与提升。今后我会更加积极地参与到工作室的活动中去，勤于实践，勇于探索，让自己更快地成长起来。

在三年成长的同时，我也认识到了自身的不足，一是因为工作较忙不能及时完成工作室规划安排的任务；二是对工作室平台的关注和相关的教育教学交流还不够深入。在今后的工作中，我将继续发挥自己的优势，努力改正自己的不足，力争在教学、科研上取得更大的进步，无愧于名师的称号，在名师这条充满艰辛和汗水的教育之路上砥砺前进，一路前行。

在磨炼中成长

——三年研修个人总结

汕头市特殊教育学校　林惠敏

2018年，我很荣幸地成为广东省特殊教育冯伟君名教师工作室的学员。三年的入室研修学习之旅即将结束，回首这三年的培训经历，记忆犹新，又顿感时间飞逝，让人意犹未尽！在这期间，我们忙碌着，也充实着；我们劳累着，也快乐着，因为我们不仅与专家、名师面对面，更重要的是我们在精神上有了收获。

一、更深入、更全面地认识特教，增强了幸福感

2017年，我从普通学校转到特殊学校任教，来到特校之后，才开始逐渐了解特殊教育（以下简称“特教”）。“教然后知困”，在特教领域，我是从零开始，我努力地学习相关的理论知识，不断地进行实践教学，慢慢地才感觉有了思路和方向。在那个时候，加入特殊教育名教师工作室的我就如同刚发芽的小草逢甘霖。在这三年中，我既参加了嘉应学院省级中小学教师发展中心的培训，也参加过岭南师范学校为特殊教育教师开展的特教专业培训。在这两次培训中，不仅有精彩的专家讲座，还有同行老师的真诚分享，收获非常多。在培训和交流中，我进一步了解了广东特殊教育的发展情况及省内一些特殊学校的办学情况。听着特殊教育教师们分享着一个又一个的特教故事，我真正意识到，要做好特教事业真的不容易！但是我也发现，参加培训的每一位特殊教育教师，他们的笑容是如此灿烂，每当分享到学生进步的话题时，他们脸上都带着一种自豪。我这才明白，原来特殊学生也是值得我们“炫耀”的，这让我觉得自己的付出是很有价值的。

二、在不断地观摩课堂及听评课活动中提升教学教研的能力

在这三年中，我们除了能够在众多教育专家的讲座中不断地汲取精华，还能到各所优秀的特殊教育学校去观摩研修、跟岗学习。到福建省多个特殊教育学校参观跟岗时，我看到了脚踏实地、用心经营的特殊教育，在那里，我发现不管是办学较早的学校还是新办学不久的学校，它们在课程设置上都非常讲究，同时又不断地为教师们的教学做好软件和硬件的支持工作。教师们的备课教学工作量是非常大的，课前做好学生的评估工作，为不同的学生制订IEP教学计划，这些都是平时常见的工作。每听完一节课后，我都积极主动地参加评课活动。一开始的评课活动，我都只是记住课堂中的优点，后来听的课多了，我才发现，评课也有方法。听完一节课后就应该及时进行综合分析，找出这节课的特点和闪光处，总结出一些规律性的认识。比较接近的课还可以进行比较研究，然后总结出各种教学方法的长处和短处，结合自己的教学实际，吸收他人有益的经验，以改进自己的教学。在接下来的教学中，我要让听课、评课成为日常教学活动中经常性的教研活动。相信，慢慢就能促进教学思想的转变以及教学观念的更新。还有不少学校的校本课程做得非常好，研究成果丰硕，看着这些，我就觉得自己做得非常不足，虽然自己在特教的时间还不长，但也要积极积累教学经验，多做记录，争取为日后的教学研究打好基础。

三、学会细化德育工作，切切实实地为特殊学生谋发展

教育无小事，在特教事业中，特殊学生每天都需要教师去督促和引导。教师们在管理、教育的过程中，应该遵循“以人为本”的原则，要尊重每个特殊孩子的独特性。所以，不管在什么时候，德育工作都不能放松，要做“细”，要做“真”，除了面对学生做好德育工作，还要引导家长们进行辅助教育。在岭师培训时，来自台湾地区的程国选博士分享了《特殊需求学生的亲职教育》。程博士强调了特殊儿童家长在特殊教育过程中的重要性。程博士借助“高登”亲职座右铭，让我们理解了一个积极正向的家庭环境对孩子的影响。作为教师，我们要引导家长在家庭教育中要多与孩子沟通，多了解孩子的想法，与孩子共同制定适当的目标，多给予孩子鼓励与赞美。程博

士总结了家长的参与对孩子、对家长、对教师等多个方面所产生的益处。程博士的讲解很生动、操作性强，让我们对亲子教育有了全面的了解，更掌握了一些实用的技能，接下来，我将更加重视家校合作工作，为特殊孩子的良好发展助力。

四、不断地充实自己，积极进行知识更新

在这三年里接触到的给我们开过讲座的教育专家，其中有两位老师给我留下了深刻的印象，一位是佛山启聪学校的陈辉校长，另一位是湛江特校的刘少敏主任。陈辉校长是一个酷爱读书之人，他不仅自己爱读书，还带动身边的人一起读书。“腹有诗书气自华”，陈辉校长的言谈举止无不透露着他的内在素养。他还现身说法，为年轻教师们提供了充实自己的宝贵建议和提升自我的途径。刘少敏主任分享了《专业标准视域下特殊教育教师专业发展及自我成长之路》，这是一个非常接地气的讲座，她根据自身的专业成长历程为大家整理分享了有效的成长途径。第一要敢尝试、勇创新；第二要勤学习、常反思；第三要善教学、会管理；第四要多视角、多融合。听了这些专家的学习成长经历，我不觉间也给自己定下目标：一定要多读书、常反思、重实践、勇创新。

五、认识了身边更多名师，见贤思齐

都说“三人行，必有我师焉”，是的，在这三年里，工作室主持人冯伟君是我们的老师，带着我们在研修的路上不断探索；而工作室的另外9名学员和2名助理也非常优秀，三年相处下来，发现每个人都有各自的教学风格和特点，在每一次的学习之旅中，伙伴们都会互相帮助，共享资源。大家都是在特殊教育一线辛勤耕耘的教师，累积了不少教学经验，每当想起这些教师，我就感觉自己有一个强大的后盾在支撑着。三年的工作室学习生涯即将结束，但是我们的交流探讨不会停止，今后的路还要继续走下去，我也会努力地向这些前辈学习！

当然，在这三年研修期间，我也发现了自己的缺点，原本在校工作量也挺大，有时工作室布置的一些任务不能按时完成上交；教学教研方面，自己虽然经常在头脑中反思，但是还没有养成好的反思习惯，缺乏形成文字的好

习惯。加入工作室后，工作室的引领让我明白，要多磨炼，才能更好地提升自己，付出总会有收获！

相信自己，未来可期

平远县特殊教育学校 刘芬

2018年10月，我有幸成为广东省特殊教育冯伟君名教师工作室的入室学员。寒来暑往，光阴荏苒，转眼间，三年的工作室学习时间即将结束。三年来，在冯伟君名师的引领下，我行走在“学习—实践—反思—再学习”的征途中。我时刻以名教师工作室成员的标准严格要求自己，与伙伴们走进省内外特校、走进教学研究、走进交流、走进专家讲座……在不断地交流学习中，通过工作室组织的扎实有效而系统的活动，我在特殊教育的事业上思考着也进步着，让我校的教育教学、校园文化、师生素养等方面都能跟随工作室的理念而成长。

一、加入名师，提高觉悟

为彻底贯彻落实国家教育部颁布的《特殊教育提升计划（2014—2016年）》，积极响应《第二期特殊教育提升计划（2017—2020年）》文件的号召，作为特殊教育学校的副校长，我深知“三人行，必有我师焉”“他山之石，可以攻玉”。因为自己是半路出家，能力远不能领导本区域内特殊教育的发展，在深入学习习近平总书记在2018年全国“两会”上的系列重要讲话之后，我自觉进行自我能力提升的培养，以便更好地在特殊教育这个领域起到指引、示范、引领的作用。2018年10月，我加入了广东省特殊教育冯伟君名教师工作室，成为工作室的入室成员，开启了作为一名特殊教育学校校长的成长之路。

二、走近名家，踏入校园

在加入特殊教育工作室这个大家庭之后，我结识了更多优秀的特殊教育同行以及来自省内外的特殊教育专家和优秀教师。工作室开展的丰富多彩的教学、教研、培训活动让我受益匪浅。我先后跟随工作室负责人赴几个地区和省内外进行培训，学习其他地区特殊教育先行学校办学的先进理念，教学管理的有效方式方法，教育教学的优质课程资源，教学科研的优秀研究成果，深有内涵的校园文化，为学生康复训练及更好地融入社会的各功能场室等。这些跨界学习让我脑洞大开，打开了我的思维视野，拓展了特殊教育专业化技能，明确了新课程标准下应该有的教学观、教育观、发展观。

“纸上得来终觉浅，绝知此事要躬行。”在每次外出培训之后，回到学校我都会组织教务处、教研组长、班主任、各任课教师进行学习心得的分享，将学到的先进理念、方法传授给学校的老师，将“一师一带”进行到底，起到传授经验的作用。三年来，学校开展了丰富多彩的教研交流活动，组织教师“走出去”，把省内外较有名气的特教领头人“请进来”，进行同课异构、现场把脉等诊断活动，不仅提升了自己，还带动了全体教师共同成长。

三、实践课堂，深化理论

为了提升自我的专业素养，我先后参加了县中小学幼儿园特殊教育优质课评比，荣获县级一等奖。组织并带领团队到中山市特校、梅州市各县区特校、福建各地区特校等地方进行同课异构活动，个人均获得一等奖。结合教育教学工作，撰写了多篇教学论文，在重要刊物上发表。积极参与课题研究，作为课题组主要成员参加了多个省级、市级课题研究，其中市级课题“智力障碍学生能力培养的探索”已于2018年12月顺利结题，并获得第九届梅州市教育系统教学成果奖（主持人）二等奖；两个省级课题正进入结题准备阶段，我担任主编出版了校本教材《民间体育游戏》；作为主持人主持了国家级课题“山区特殊教育教师信息化教学能力提升策略研究”，已进入结题阶段。在我的辐射带领下，学校全体教师积极申报课题或参与课题研讨，组织教学教研，目前学校拥有多项省级课题和市级课题，两项国家级课题，教师的教学教研能力得以提升，有效地促进了我校教师理论素养和专业发展水平。

2018年，作为学校分管教育教学的副校长，我组织部分行政及教师创立了“刘芬创新工作室”，为学校老师、学生、家长提供了交流沟通的渠道和桥梁，为学校的教育教学提供了更加优秀的资源。2020年，创新工作室被梅州市妇女联合会评为“梅州市巾帼文明岗”。

学而不化非学也，在外出学习中，我发现每所学校都有自己的办学特色、发展规划，对于办学时间短的我校起着很大的启迪作用。三年来，我不断引进和改进学校的办学方式，向学校提出建议，先后改善了多个功能场室、校园文化，真正为平远县残疾孩子服务，让他们学会生存，更好地走向社会。

四、不忘初心，砥砺前行

我的成长与进步离不开冯伟君名教师工作室的培养和熏陶。“三人行，必有我师焉”，更何况在这样一个优秀的团队中，与优秀的人为伍，可以让自己走得更远，并时常带给我见贤思齐、与时俱进的感念。三年中，我收获颇丰，2018年，我撰写的《浅析提高小学语文课堂教学效率的策略》论文在《好家长》文教天地发表；2019年，论文《山区特殊教育教师信息化教学能力提升策略研究》在《语文内外》杂志发表；2020年，论文《民间体育游戏融入低年级培智课堂中的教学探析》在《人文之友》杂志发表；2018年获得全县小学、特殊教育学校优质课评比一等奖；2018年年度考核“优秀”；在2018年度“争先创优”活动中被评为优秀共产党员；2018—2019学年被评为县优秀教师；2019年，“认识数字”教学课件获得“中国梦·全国优秀多媒体教学课件评选大赛”一等奖；2020年，“认识上下”教学课件荣获“梅州市教育‘双融双创’行动暨2019年教师教育教学信息化交流及媒体新技术教学应用评比”二等奖；2020年参与主持的“平远县特殊教育学校个别化教育计划案例”获得“广东省特殊教育学校个别化教育研究优秀成果征集评选”二等奖；2020年被评为梅州市优秀教育工作者；2020年主编校本教材《民间体育游戏》并出版；等等。

回首来路，既有沉甸甸的收获，也有诸多不足。但有了工作室的历练与引领，我对今后的学习和工作充满了信心。我要在优化学校管理、课堂教学上下功夫，努力减负增效，全面提升学生的综合素养，因为有了工作室这一群特教人的交流和努力而显得更加坚实。我还要及时做好总结，不断反思，日益丰富自己的教学管理理论，力争在教科研上有更大的突破，无愧于名师工作室成员的光荣称号。

永远走在成长的路上

梅州市特殊教育学校　刘广安

时光如流水般匆匆而过，2018年4月，我成为广东省特殊教育冯伟君名教师工作室的成员，至今已有三载。在这段时间里，通过主持人冯伟君副校长的引领以及在与工作室其他成员的合作交流和共同学习中，我受益匪浅，收获良多，而在跟岗学习和工作室开展的各项活动中，我的视野得以开阔，境界得以升华。名教师工作室这个平台对我的个人成长既是一个挑战，也是一种机遇，在最大限度发挥自己能力的同时，也让我认识到自身的不足。下面我将三年来的工作从以下几个方面进行总结。

一、锻造思想，提高觉悟

在与主持人冯伟君副校长的相处中，他的厚重大气、谦虚恭谨令我钦佩；他的敬业精神和精湛的教学技法令我感动；他的视野高度和超前的思考也为我指明了今后努力的方向。而在与其他工作室成员的相处中，他们乐观上进、勤奋好学、开拓创新的精神也给予我非常大的触动，所以在日常工作中，我始终以名教师工作室成员的身份和标准来严格要求自己，思想上积极上进，行动上负重前行，以非常饱满的热情投入我所热爱的特殊教育事业中。

二、夯实能力，不断进步

三年来，我参加了工作室组织的到省内外10多所兄弟学校的跟岗学习活动。每所学校独特的经验、先进的管理、精湛的教学都令我深深折服。在与各个兄弟学校的名师零距离切磋、交流和碰撞中，我找到了差距，也开阔了教育教学的视野。一位受欢迎的教师，首先要认真钻研所讲授的专业知识，挤出时间加强专业性知识学习，孜孜不倦，刻苦钻研，苦练专业知识基本功。教师要想把自己担任的专业课程教好，也要钻研本学科之外的专业知识，了解和掌握多方面的知识，把它们有机结合起来，这是教师工作的特殊要求。因此教师必须刻苦钻研课程，大胆改革教学方法，克服“一言堂”及照本宣科的陈旧教法，创设问题，让学生在轻松愉快的氛围中主动学习并获得知识。因此，在平时的教学工作中，我会认真钻研教材、潜心研究教法，全面备好每一节课，尽力上好每一堂课，把在跟岗学习中感悟到的一些先进教学理念融入课堂教学当中，很好地诠释了“学以致用”的思想。只有具备生命自觉的教师，才能拥有积极健康的心态，才能以主人翁的态度投身到专业提升的活动中，也才能使自己的专业能力得到不断提高，通过课堂教学过程中的不断打磨，努力夯实自己的教育教学能力，为以后的不断进步奠定基础。

三、理论沉淀，深思钻研

教学科研的先决条件是教育思想的转变，知识、信息、理论的学习、积累、沉淀是教育科研的必备条件，而及时的总结、深化、内化、升华是其必然归宿，只有这样，教育教学与科学研究才能相互渗透、相辅相成，才能以教带研，以研促教，教、学、研相长。所以说教育现代化其实首先是教师思想的现代化，也就是说，教师要学习教育理论，更新教育理念，始终站在教育的最前沿。在信息时代中，人们很难潜下心来阅读，为了跟上工作室的步伐，这三年来，我逼自己认真阅读了《积极行为支持——班级管理新模式》《融合教育理论与实践》《走好每一步——我的特殊四十年》《特殊儿童的问题行为干预实例与解析》《聋校数学教学生活化探索》等书籍，通过这些阅读，我的理论知识得到一些积淀，使自己在处理一些特殊儿童的问题行为时不再心慌，尽可能做到有理有据。

三年来，我坚持理论与实践并重，在学习理论的同时注重联系实际，积极反思，撰写教育随笔。三年中，我先后发表了5篇教育教学论文，并参与到“多媒体技术在特殊教育学校数学教学中的作用”省级课题研修活动中。理论的沉淀，升华了内在，充实了自己，服务了教育教学实践。

四、痴心耕耘，小有收获

这三年来，我一直担任聋部高中数学教学工作，为听障学生叩开通往大学之门而努力，最终实现了梅州聋人高中教育质的飞跃。由于教育教学业绩突出，受到社会、学校、家长和学生的一致好评。因出色的工作表现于2019年、2020年连续两年被评为学校优秀班主任，2018年被梅州市教育局评为梅州市教学工作先进教师，2019年在学校举行的“我爱我的祖国”朗诵比赛中获得三等奖，2020年论文《基于生活体验的聋校数学教学有效教学》在梅州市教育教学论文评比中荣获二等奖。一本本证书，一个个荣誉，一句句赞语，一份份欣慰，一份份激励，是我献身特教无怨无悔的回报。我将以更加坚定的信念，在特殊教育园地里辛勤耕耘，播撒希望的种子，期待收获的明天。

五、反思自我，延续初衷

回首匆匆逝去的三年，与冯伟君名教师工作室的同伴们一路走来真是喜忧参半。喜的是自己在这个平台上得到了从量的积累到质的飞跃，忧的是与其他工作室成员相比我还有很大的差距。工作室的一次次活动，记载着我的成长足迹，也展现出冯伟君名教师工作室这个大家庭中一幅幅浓郁、和谐的研讨画面。一路走来，我深感充实与快乐，内心充满感激与感恩。在冯伟君名教师工作室这个大家庭里，我们互相学习、互相促进，在这里我们体会到了温暖，更找到了自己前进的目标。为期三年的学员身份即将结束，但在以后的工作中，我将继续以工作室学员的标准严格要求自己，砥砺前行，永远走在教师专业成长的路上。

三年成长报告

梅州市特殊教育学校　张慧琳

时光荏苒，三年的工作室跟岗学习即将结束。能于2018年加入广东省特殊教育冯伟君名教师工作室跟岗学习是我人生的一大幸事。主持人冯伟君老师是梅州市特殊教育学校的副校长，也是梅州市特殊教育的第一位特级教师。他虽然处在领导岗位，但是一直坚守在教学一线——担任视障部的数学老师。他是一位专业的学者型教师，有着很高的教育教学水平，在平时的教学工作中，经常为我们答疑解惑。在这三年里，我们得到专家引领，学习名师优课，同伴互助，收获友情——这是一场曼妙的学习之旅、成长之旅。

一、专业引领，走好每一步

在工作室的挂牌仪式上，我们齐聚一堂，冯老师给我们介绍了工作室的性质和总目标："专业引领，实践探索，共同发展"。工作室本着学习交流、实践提升的目的，以课堂教学为主阵地，以教育科研为先导，以网络交流为载体，以"师带徒"为主要培养形式。工作室制定了以三年为培养周期的发展目标，也让我们制定了个人发展规划，明确个人发展目标。工作室聘请了华南师范大学教科院特殊教育系主任谌小猛博士担任工作室理论研究和实践指导方面的导师，并聘请广东省教育督学、梅州市教育局教研室主任刘应成（正高级教师）担任工作室教育科研方面的导师。有"请进来"，也有"走出去"。2018年，我们分别参加了嘉应学院举办的省名教师工作室入室成员培训班和岭南师范学院举办的省特殊教育名师名校长工作室入室成员培训班的学习。我们聆听了多位专家教授的专题讲座，实现了多领域接触、多角度观摩、多角色体验。这些讲座给我们带来了教学理念的洗礼和提高。三年来，我在工作室的教导鞭策下，在名师的专业引领下，努力朝着既定目标不断前进。

二、跟岗学习，提升专业

研中学，善思考，积跬步，行千里。在这三年里，工作室冯老师带着我们走进青岛、福州、厦门、泉州、龙岩、汕头、潮州、韶关、清远、茂名、阳江等多地的特殊教育学校参观学习。我们与各校的特殊教育同人们交流心得，分享经验。其中观摩学习了很多优秀教师的示范公开课：有平远特校冷老师的美术课“画气球”、茂名特校陀老师的手工“小扎染”、工作室成员汕头聋校林合惜老师的语文课《有趣的动物园》、韶关特校聋七级的数学课“倒数的认识”等。听了这些优质公开课，给我的感觉是这些教师思路非常清晰、流畅，语言简练，教师在课堂上能够做到收放自如。再和自己相比较，就能发现自己在教学中的一些短板，这些都是我以后努力的方向。访名师，观优课，听讲座，学习课堂教学，参加评课活动，开阔了教育教学的视野，更近距离地接触了先进的特教理论，也更新着自己的教学思想，提升着自己的教学素能。

三、个人成长，遇见最美的自己

工作室的活动多种多样，为我的学习、发展和创新搭建了很好的平台。因为要成为标准的入室成员，要完成既定目标，首先就是要脱离安于现状的惯性和懒怠，实现二次成长。我平时坚持论文写作，积极参与课题研究，努力上好公开课，踊跃参加教学技能比赛，并获得了一些成绩。在2018年“华渔杯”全国中小学教师信息化教学设计能手大赛中荣获教学设计评比小学组三等奖；参加2018年梅州市“一师一优课、一课一名师”晒课活动，所送课例“1000以内数的读写”获市级优课；参加梅州市2018年计算机教育软件评审活动，获特教组课例二等奖；参加第六届“中国移动和教育同步课堂杯”远程教育教学资源征集与应用评比活动，获得优秀奖。在论文写作方面：《在聋校数学课堂中培养聋生的自信》发表在《女报：家庭素质教育》2019年第11期；《多媒体教学一体机在聋校数学课堂中的整合运用》发表在《成长》2020年第1期；《信息技术在聋校数学教学中的运用》发表在《启迪》2020年第5期。在课题参与方面：参与冯伟君老师主持的省级课题“现代信息技术在聋校数学教学中的应用与实践研究”；参与黎晴老师主持的市级课题“德育融入听障生课堂教学的实践研究”。这些小小的荣誉带给了我很大的成就感，提升了我的自信心——原来我也可以这么棒！

四、未来已来，未来可期

在工作室的三年研修中，我真正体会到，作为数学教师，我们最核心的工作就是要把数学教好，课堂教学水平高的教师才是好教师。得益于工作室的各种资源和平台，我不断地尝试、反思、总结，关注着前沿教育思想，将研修所获得的知识经验与平时的教学结合起来，在实践中加深理解和融会贯通，拓展自己在某个方面的研究，找到自身特长，形成教学风格。独行速，众行远。在工作室中修炼着，自我超越，改善心智，追求共同愿景，学会团队学习，加深系统思考。在主持人冯老师的引领和指导下，我在教学设计、课件和微课视频制作、教研、授课、评课、科研等方面的水平都更上一层楼。

五、反思总结，明确方向

三年的工作室研修学习，提升了我的教学能力、学习能力、研究能力和课程开发能力，打开了我的思维视野，拓展了我的知识视野和阅读视野，也明确了新课标下的特教应该有的教学观、教育观、课程观。我还要及时做好总结，不断反思课堂，日益丰富自己的教学理论。有了工作室的历练与引领，我对今后的学习充满了信心。

用脚步丈量，在反思中成长

——参加广东省特殊教育冯伟君名教师工作室成长心得

汕头市聋哑学校　郑暖暖

人们总说“读万卷书，行万里路”，当实践与理论相结合时，思维的火花便得以碰撞，成长的大门方为你我敞开。作为汕头市聋哑学校的新教师，我于2018年4月有幸加入广东省特殊教育冯伟君名教师工作室，进行为期三年的研修活动。如今学时已满，收获颇丰，我将从以下几个方面浅谈这三年的成长心得。

一、工作室基本情况

为深入贯彻党的十九大关于“办好特殊教育”的部署，提升各成员教育理念和教育质量，增强工作室师资队伍建设，实现区域特殊教育协同发展，广东省特殊教育冯伟君名教师工作室践行“以点带面”的理念，即工作室主持人冯伟君发挥带头引领作用，以各成员成长所需为出发点，整合区域优势资源，通过扎实开展理论学习与实践探究相结合的活动，着力提高学员理论高度和实践水平，保证学员得到最优化的发展，顺利完成专业型教师转型。

二、工作室主要活动

（1）2018年12月赴嘉应学院进行为期1周的工作室入学培训。

（2）2018年12月赴深圳等地特殊教育学校进行参观学习。

（3）2019年6月赴闽特殊教育学校进行为期5天的跟岗学习。

（4）2019年12月赴潮汕地区特殊教育学校进行为期5天的跟岗学习。

（5）2020年11月赴粤西北地区特殊教育学校进行为期1周的跟岗学习。

三、个人成长过程

“教师是天底下最光辉的职业。”作为一名特教新教师，我有幸加入冯伟君名教师工作室进行为期三年的学习。在此过程中，不仅增强了专业理论知识与教学实践的紧密性，而且在冯老师和工作室其他成员的悉心指导与热情帮助下，我收获了许多宝贵的教育教学经验，自身的综合素质也得到了很大的提高，更体会到一名特殊教育教师的光荣与深意。现将成长情况汇报如下。

1. 教育教学

正如晋江特殊教育学校的校训所言，“阳光教育润泽生命”。我想这是所有特教人的追求。为进一步提高自身的教育教学能力，更为科学有效地帮助听障生学到系统丰富的知识，在这三年的时光里，我参加工作室各项活动，认真观摩各地名师的优质课，用心聆听各类知名专家的讲座。不仅如此，我还踊跃参加省市各类教学赛事。在这个过程中，我授课的内容逐渐丰满恰当，把握知识重点的能力也更强了一些，还能根据学生的学情及时调整教学方法和进度，这一系列的进步也得到了工作室成员及学校其他同行的肯定与赞赏。此外，在每次活动结束后，我还勤于反思自身活动中的表现，在比较中发现自身与他人的差距，有针对性地补齐短板，让自身的业务能力得到较为快速的成长。经过一段时间的积累与锻炼，我收获了一些荣誉。例如：课堂实录《晏子使楚》参加2020年汕头市特殊教育数字资源征集评选活动并荣获课程教学（课堂实录）类一等奖。微课“走进端午节”参加2020年汕头市特殊教育资源征集评选活动并荣获居家学习类三等奖；校级公开课《学弈》荣获校级优质公开课；2020年11月参加学校教学技能大赛并荣获语文组第一名。

2. 科研课题

课题引领成长，科研助推发展。为更近距离地接触先进的教育教学理念，时刻关注特教界热点话题，尝试解决日常教育教学中产生的疑惑，我积极参与省、市级各类课题的研究，比如市级课题“聋校体育课程建设的策略研究”，市级课题“聋校绘画造型基础校本教材开发研究”，市级课题“利用情景剧教学培养聋生良好行为习惯的研究”……在与课题成员们一同探讨、交流、研究的过程中，我惊喜地发现彼此的思维能在相互碰撞中激发创新的火花，自身的实践能力也随着理论知识的丰富而得以增强。我们相信这在无形中也能提升自身的理论素养和专业发展水平。

3. 自我学习

叶圣陶说过："阅读是吸收，好像每天吃饭，吸收营养一样，阅读就是吸收精神上的营养。"为了更好地提升自身的专业素养，拓宽自身的学术视野，我们在主持人的鼓励下坚持阅读，勤于记录。三年来，我阅读了《李吉林与情境教育》《窦桂梅与主题教学》《班主任漫谈》《聋校语文教学200问》《现代特殊教育》等专著和刊物。此外，我还有意识地将书中的理论或观点与日常所见、所悟、所思、所闻相联系，并及时加以记录。在主持人的用心点拨与支持下，我所撰写的案例"原来，我也是一颗闪亮的星"在"中国好老师"公益行动计划2020年度全国优秀育人案例评选中获三等奖；案例"体育——我的朋友"参加2020年汕头市"文明其精神，野蛮其体魄"主题案例征集和征文活动并荣获案例一等奖；论文《浅谈主问题设计在聋生语文阅读教学的运用》荣获汕头市教育学会2019年学术论文三等奖；情景剧《初步了解人大制度以及国家机关》在"广东省中小学青少年法治教育专题资源（二期）征集与数字出版活动"中入选并已出版（ISBN：978-7-89392-217-6）。此外，我还于2019年考取汕头大学在职研究生（教育硕士/学科语文）。点滴的进步，均让我感受到阅读与写作的重要性，更让我对"终身学习"有了更深的体悟。我亦将以此为动力，踏实前行。

四、所思所想

若问这三年的学习给予我最大的收获是什么，我想答案应是对教师这份职业有了更深的认识。我觉得作为一名特教人，不应仅仅是传道授业解惑，更应做一个"想及所想"的杂货家。

作为一名特教新人，怎样才能帮助学生们更好地成长是一直萦绕在我心头的问题。通过这段日子的学习，我对这个问题有较为明晰的答案。著名心血管病专家胡大一教授曾言："不是我们能提供什么，而是病人需要什么。"作为特教界的教师，我们应学会根据学生的学情与兴趣爱好，为他们提供相适应的引导与帮助，最大化地挖掘与发挥他们的潜能，使他们拥有自食其力的能力，让他们能通过校园学习真正成为对社会有用之人，这或许才是最令我们骄傲的地方。另外，学生的向师性决定了教师的示范性。通过工作室学习的时光，我觉得我们还必须是一个“杂货家”。这个“杂货家”便是一个喜欢涉猎各个学科、各个领域的有心人。我们除了要有精湛的专业知识，还要了解不同领域的基本常识。这样我们才能更好地支持他们成长，并能在这个过程中走进他们的内心，做他们生命中的引路人。

虽然工作室的学习已画上句号，但我们的成长才刚开始。我十分感谢这段学习的日子，特别感谢工作室主持人和成员的信任、鼓励与指导，让我得以逐步褪去青涩，变得更加成熟。我深知我仍有很多的不足，在今后的日子里，我定会加倍努力，不断完善与提升自己，做一名优秀的特教人。

扬帆起航，路就在前方

五华县特殊教育学校　朱海标

三年前，我们有幸加入广东省特殊教育冯伟君名教师工作室这个温暖的大家庭。三年研修活动，忙碌且充实，如今学时已满，收获颇丰，现从以下几个方面浅谈这三年的成长心得。

一、专业引领，用心体验

三年中，我参加了名教师工作室组织到嘉应学院为期1周的工作室入室学员培训；参加了省内外10多所特殊教育学校的跟岗学习和教学观摩活动，与国家级优秀名师面对面学习交流，并与众多名师进行了教育教学交流，收获满满；并且撰写了很多学习感悟和工作心得与体会。在省级优秀名师的悉心指导和市级名教师工作同伴的亲切关心、帮助、感染下，我深深地感受到每一次活动中的巨大收获。跟岗学习和教学观摩活动是促进我们教师自身专业素养不断提升的一种有效途径。在主持人冯老师和工作室其他成员的悉心指导与热情帮助下，我收获了许多宝贵的教育教学经验，自身的综合素质也得到了很大的提高，三年来撰写的多篇教育教学论文先后发表。

网络基础教学是当今教师学习的另一个重要信息交流平台，其信息量大，教育教学资源丰富，共享性和人际互动性强。充分利用网络中有关学习教育的各种资源已经完全跨越了网络空间和网络距离的限制，我们利用工作室的微信公众号和微信群，利用工作室的网络平台，及时给教师们分发教育资源，一起学习教育视频，让我们的学习研修活动能够在线上完成。基础教育教学教育网络还拉近了我们与网络教育大师的距离，他们的基础教育知识、教学实践理念总是时刻激励着我，我的思想不断地发生着质的巨大变化，灵魂深处总是有网络教育教学潮流在不断地涌动着，我要用教育生命线重新组织构筑起一座属于每个家庭的孩子的网络教育知识课堂。网络教育启发我重新进行思考，思考我的教育教学，思考我的教育人生。

二、用爱感化，悉心育人

记得刚开始时，工作室主持人要我们每位成员都认真地写一句自己的座右铭，我当时这样写的：用爱感化，悉心育人。这三年来，我就是用这句话时时刻刻鞭策自己、激励自己的。我们一定要根据聋哑学生的实际情况有的放矢，及时性地引导并帮助他们彻底改掉一些不良习惯，纠正他们不正确的学习和生活观念。比如，有的聋哑学生因为受不良风气的严重影响，认为自己学习成绩的品质优劣及好坏无所谓，不用那么刻苦努力地学习，长大了一样能够找到工作赚到钱。这种观念使他们自暴自弃，不求上进，很容易耽误前程，也极易导致聋哑学生思想意识的改变。了解了这一情况，我决定用爱心去感化他们，在教育中我讲事实、摆道理，使他们真正懂得了学生应该以自己的学业为主，应付是一种不上进的表现，是对自己不负责任的一种行为，只有专心致志地把书读好，长大了才有资本自强自立，才能做个有出息的人。在我的耐心帮助和教导下，这类聋哑学生终于消除了许多思想中的疙瘩，解开了许多思想上的症结。再如，他们经常会存在妒忌仇恨、人际关系紧张的心理情况，我抓住他们的共同心理特点，耐心地化解矛盾。有一次，我所教的两位大班同学，因为玩篮球而吵起架来，甚至动了手。我给他们讲清事情的利害关系，教育他们要学会化解小矛盾而不要夸张扩大。在这一点上，我首先详细列举了一些恶性事件的恶劣影响，通过典型事例分析引导他们深刻吸取教训，认识到自身的过错，真心表示歉意并改正。他们认真改错的积极行为也影响了其他不团结的同学，使这些同学也深受感染，决心以后要互相友爱。

三、以课题研究为纽带，不断提升个人专业素质

三年多来，冯伟君名教师工作室研究团队以相关课题实践活动为主要工作纽带，以先进的相关课堂教育理论实践为主要理论指导，以相关课堂教学理论活动为工作主体，积极主动地组织全体教师开展了丰富多彩的课题教学研修活动，促进学员专业化的健康成长。工作室成员以“课题”为主要工作纽带，设计研究制订课题研修实践活动实施方案，并深入分析个人课题研究调查结果，撰写个人课题研究调查报告，论证个人课题解决问题方案，进行典型案例分析，撰写课题研究阶段性成果，等等。我们不断学习，但工作中随时都会遇到各种疑难问题和烦恼，每当这时，同伴们一起积极参与讨论，一起寻求帮助，借此消除困惑，给予我大力支持和鼓励。我积极参与省级、市级各类课题的研究，比如参与了工作室省级课题“现代信息技术在聋校数学教学中的应用与实践研究”；主持了县级课题“对聋哑学生行为习惯养成的理论与实践研究”。在与课题组成员们一同探讨、交流、研究的过程中，我惊喜地发现彼此的思维在相互碰撞中会激发出创新的火花，自身的实践能力也随着理论知识的丰富而得以增强。三年的研修学习让我逐渐明晰了自己要成为一名优秀教师，首先要具备各种文化涵养和专业素质，也让我深刻感悟到“为人师者要有大爱，为人师者要志存高远，为人师者要从心做起”的基本道理。

四、查找不足，展望未来

时光如水，不知不觉三年过去了，这三年累并快乐着，每次工作室的外出跟岗学习、集中讨论都给自己带来诸多的思考与收获，让我在学习中成长，并在自我激励中提高自身素养。在成长的同时，我也认识到了自身的不足：一是不能把跟岗学习的新知识、新观念及时地贯彻到学校工作中去；二是对工作室部署的部分研修学习任务没能高质高效地完成。以后要注意转变自己的工作和学习态度，变被动为主动，变消极为积极。

“扬帆起航，道路就在前方！”在今后的特殊教育教学教研工作中，我将更加明确自己，严格要求自己，努力认真地做好自身工作，发扬自身优点，弥补自身不足，开拓进取。我将尽职尽责地做好特殊教育工作，成为一名称职而优秀的教师，为五华特殊教育事业发展做出自己应有的贡献。

不忘初心，砥砺前行

汕头市存心特殊教育学校　卓巧珠

三年的入室学员研修学习，犹如电影片段一晃而过，在未来的某一天，当我们回忆起特教路上的点滴时，我会感恩陪我一路过来的兄弟姐妹，我们的相处时光是最美的故事。2018年我有幸成为广东省特殊教育冯伟君名教师工作室入室学员，回顾近三年的学习历程，我发现不仅学到了很多特殊教育的理论，也在多次跟岗学习交流中得到磨炼和成长。现将入室学习总结如下。

一、走近名家，陶冶情操

（一）名师名校长引领

2018年12月8日至14日，我赴广东嘉应学院参加广东省中小学幼儿园名教师、名校（园）长工作室学员研修培训。在这次培训中，先后聆听了《中小学管理》杂志社社长柴纯青的《基于核心素养的课程与课程改革》、宋冬生教授的《专心、专业、专长——核心素养与专业发展》、纪胜辉校长的《名师名校长工作室运行机制的构建与实践》、宋文钦教授的《教师的成长》、古芹巧校长的《打造名师培育特色摇篮》、林伟老师的《构建名师工作室的教师发展学习共同体》等讲座，让我印象深刻、获益良多。接下来的三天，我们前往深圳拜访各位名师名校长，其中印象最深刻的是深圳市滨海小学正高级教师王栋昌的讲座，很有实用性，他讲的是《教育写作的四个关键词》。首先，他为我们指出了教育写作格式，并分享了很多真实的案例。

王老师还提到写文章要先从教学反思开始，教学反思是应用教育、教学理论对教学现象进行的剖析，是理念与实践之间的对话。王老师的讲座让我明白了教育论文必须基于教学中的点滴，必须养成记录的习惯，而好的素材往往来自心灵的碰撞。深圳市第二高级中学何泗忠老师的讲座更是精彩，他讲的主题是《名师成长路径》。何老师的经历超级丰富，知识面很广，才华好，整堂课引经据典，尤其多次引用四大名著中的《西游记》，让我听得如痴如醉，受益匪浅。

（二）品岭师风骚，读特教情

2018年12月24日，我满怀激情奔赴湛江，在风景如画的岭南师范学院开启求学问道的研修之旅。开班仪式结束后，我们迎来了陈秀芹副教授的专题讲座《心理健康与压力调适》，在互动讲解认知调节的ABCDE技术中，我们的心绪放松了很多，也掌握了一些调适心理的技巧；在陈辉校长的专题讲座《教师成长的自我管理》中，我深深被陈校长的有效利用时间和记录工作点滴以及知识管理的自我管理手段所感动，原来最简便的做法莫过于阅读与写作，最拓展的方式莫过于参与课程自我增值，但贵在坚持。这些经验对我将来的工作产生了很大的影响。

二、走千里路，品特教情

（一）潮汕地区特教学校跟岗交流

2019年12月18日至20日，广东省特殊教育冯伟君名教师工作室到潮汕地区特教学校交流学习，我跟着工作室参观了潮南特殊教育学校、汕头市聋哑学校、汕头市特殊教育学校和潮州市特殊教育学校。一路走来，我们得到了潮汕特教同人们的热情欢迎和悉心指导。汕头市聋哑学校林合惜老师向我们展示了一节精彩的聋校低年级作文教学课；汕头市特殊教育学校何碧婷老师展示了一节培智部的生活语文课。两位教师各具特色，以人性化的教学手段，达到了良好的教学效果，受到了听课老师的一致好评。最后，我们在潮州市特殊教育学校蔡校长向大家展示学校办学成果的过程中，深切感受到潮州这座文化古城的深厚底蕴。

（二）粤东西北取经路

2020年11月2日至8日，我参加了广东省特殊教育冯伟君名教师工作室赴粤东西北跟岗学习活动。我们从梅州出发，沿途到了韶关、清远、茂名、阳江等市的特殊教育学校，见到了很多从未谋面的同行，结识了很多默默耕耘的特教园丁，他们的精神值得我学习，让我受益匪浅。

怀着对特教名师的追求，我们首先迎来了华南师范大学谌小猛教授的主题讲座《特殊教育的发展趋势》。接着，我们走进课堂，分别观摩了梅州特校刘广安老师的高二数学“函数的图像和性质”、韶关特校聋教育十三册“倒数的认识”两节公开课，这两节课相当精彩，教学效果显著。最后，我们观摩了茂名特校高一语文公开课《雷雨》，在《雷雨》这节课中，周老师运用游戏法和多媒体教学法，分角色朗读和表演，让学生通过语言的学习掌握人物的心理变化和性格特点，快速掌握课文内容，效果相当不错。

粤东西北特殊教育学校考察学习之行，让我们见证了梅州特校陶画艺术的博大精深；韶关特校的一流设施和先进管理；清远特教的规模建设和飞速发展；茂名特校职业、艺术教育的丰硕成果；阳江特校充满文化韵味的校园环境。特教路上，我们是一群志同道合的伙伴，我们取长补短，结伴前行。

三、走进课堂，实践操作

我积极学习，努力研修，把先进的教育理念与课堂教学实践结合起来。三年时间里，我参与完成了广东省“十二五”科学教研课题“家政教育促进智障学生能力发展的研究”。我的展示课《蔬菜》，结合智障学生的能力和心理特点，运用实物、图片、游戏等，借助多媒体的再现，打破教学的时空限制，扩宽学生的思维空间，荣获了汕头市特殊教育数字资源征集评选课程教学（课堂实录）类一等奖，选送广东省参评。疫情期间，我致力于做好“康复教育”训练，拉近家校关系，让学生在家也能得到学校教学资源的帮扶，我的微课“鸡蛋炒番茄”荣获汕头市特殊教育数字资源征集评选（居家学习）类三等奖。

四、走进特教，实现自我

三年成长期一晃而过，在这三年里，我默默耕耘，有过欢笑，有过泪水，有过泪崩的时刻，但是我走过来了，也收获了累累硕果。2018年我荣获了征文《争做“四有”好教师　做好特殊教育工作》汕头市一等奖；论文《存心学校语文校本教研途径》在《汕头教育》发表；论文《有效改善智障儿童动手能力的策略》在《新一代》发表；2019年荣获汕头市特殊教育学校青年教师教学能力大赛一等奖、金平区师德主题征文评比小学组二等奖；2020年荣获第二届广东省青年教师教学技能大赛市特殊教育选拔汕头市一等奖；德育论文《一名特教老师的独白》荣获汕头市二等奖（金平区一等奖）；2020年荣获汕头市金平区“最美教师”称号。

教育的本质是一棵树摇动另一棵树，一朵云推动另一朵云，一个灵魂唤醒另一个灵魂。在工作室的培养下，我用心做一名优秀的特教人，不忘初心，砥砺前行。今后的我也将继续努力，不断提高自身的综合能力，争取更大的进步。